Aplicaciones microinformáticas e Internet para consulta y generación de documentación

José Antonio Navarro Gallardo

ic editorial

Aplicaciones microinformáticas e Internet para consulta y generación de documentación
© José Antonio Navarro Gallardo

1ª Edición

© IC Editorial, 2025

Editado por: IC Editorial
c/ Cueva de Viera, 2, Local 3
Centro Negocios CADI
29200 Antequera (Málaga)
Teléfono: 952 70 60 04
Fax: 952 84 55 03
Correo electrónico: iceditorial@iceditorial.com
Internet: www.iceditorial.com

ISBN: 978-84-1184-559-5
Depósito Legal: MA 89-2025

Impresión: PODiPrint
Impreso en Andalucía – España

Nota de la editorial: IC Editorial pertenece a Innovación y Cualificación S. L.

Presentación del manual

El **Certificado de Profesionalidad** es el instrumento de acreditación, en el ámbito de la Administración laboral, de las cualificaciones profesionales del Catálogo Nacional de Cualificaciones Profesionales adquiridas a través de procesos formativos o del proceso de reconocimiento de la experiencia laboral y de vías no formales de formación.

El elemento mínimo acreditable es la **Unidad de Competencia.** La suma de las acreditaciones de las unidades de competencia conforma la acreditación de la competencia general.

Una **Unidad de Competencia** se define como una agrupación de tareas productivas específica que realiza el profesional. Las diferentes unidades de competencia de un certificado de profesionalidad conforman la **Competencia General,** definiendo el conjunto de conocimientos y capacidades que permiten el ejercicio de una actividad profesional determinada.

Cada **Unidad de Competencia** lleva asociado un **Módulo Formativo,** donde se describe la formación necesaria para adquirir esa **Unidad de Competencia,** pudiendo dividirse en **Unidades Formativas.**

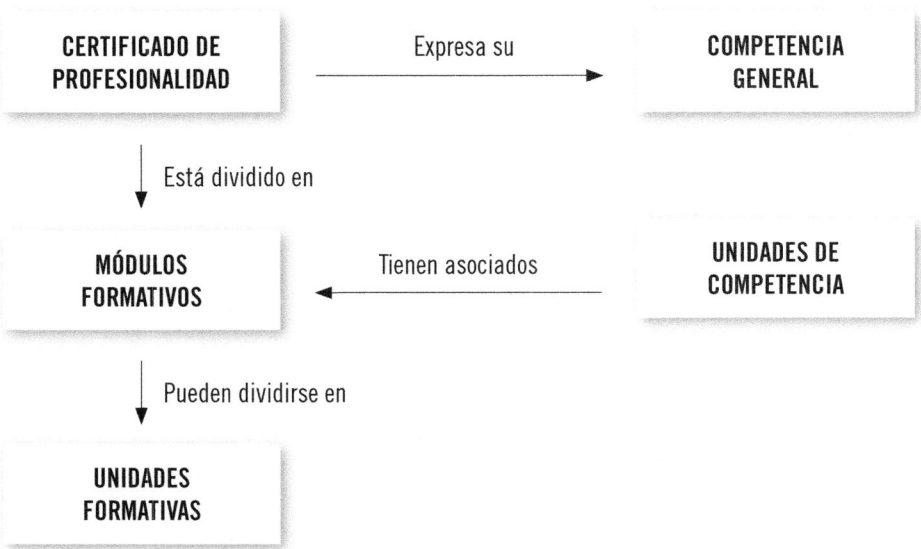

El presente manual desarrolla la Unidad Formativa **UF1467: Aplicaciones mi-croinformáticas e Internet para consulta y generación de documentación,**

perteneciente al Módulo Formativo **MF0223_3: Sistemas operativos y aplica-ciones informáticas,**

asociado a la unidad de competencia **UC0223_3: Configurar y explotar sistemas informáticos,**

del Certificado de Profesionalidad **Administración de bases de datos.**

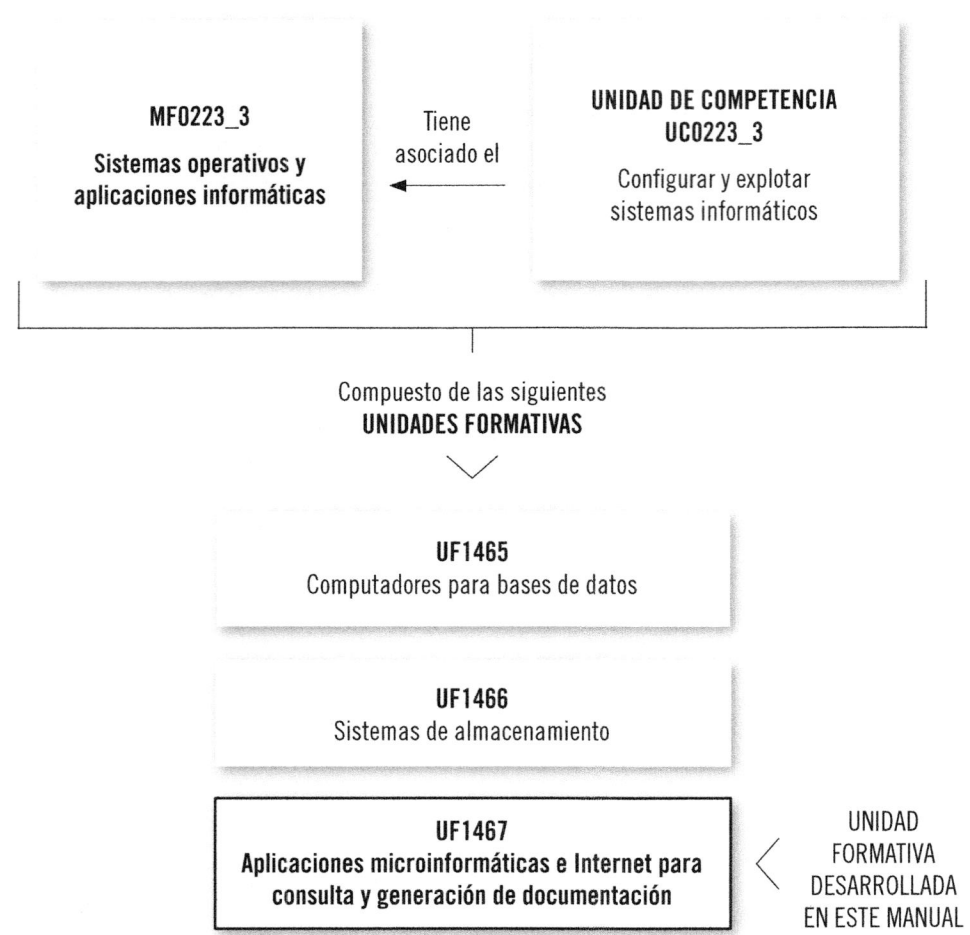

MF0223_3

Sistemas operativos y aplicaciones informáticas

Tiene asociado el

UNIDAD DE COMPETENCIA UC0223_3

Configurar y explotar sistemas informáticos

Compuesto de las siguientes
UNIDADES FORMATIVAS

UF1465
Computadores para bases de datos

UF1466
Sistemas de almacenamiento

UF1467
Aplicaciones microinformáticas e Internet para consulta y generación de documentación

UNIDAD FORMATIVA DESARROLLADA EN ESTE MANUAL

FICHA DE CERTIFICADO DE PROFESIONALIDAD

(IFCT0310) ADMINISTRACIÓN DE BASES DE DATOS (R. D. 1531/2011, de 31 de octubre modificado por el R. D. 628/2013, de 2 de agosto)

COMPETENCIA GENERAL: Administrar un sistema de bases de datos, interpretando su diseño y estructura, y realizando la adaptación del modelo a los requerimientos del sistema gestor de bases de datos (SGBD), así como la configuración y administración del mismo a nivel físico y lógico, a fin de asegurar la integridad, disponibilidad y confidencialidad de la información almacenada.

Cualificación profesional de referencia		Unidades de competencia	Ocupaciones o puestos de trabajo relacionados:
IFC079_3 ADMINISTRACIÓN DE BASE DE DATOS	UC0223_3	Configurar y explotar sistemas informáticos	• Administrador de bases de datos • Técnico en Data Mining (minería de datos) • Analista orgánico
(R. D. 295/2004, de 20 de febrero y modificaciones R. D. 1087/2005, de 16 de septiembre)	UC0224_3	Configurar y gestionar un sistema gestor de bases de datos	
	UC0225_3	Configurar y gestionar la base de datos	

Correspondencia con el Catálogo Modular de Formación Profesional

Módulos certificado	Unidades formativas	Horas
MF0223_3: Sistemas operativos y aplicaciones informáticas	UF1465: Computadores para bases de datos	60
	UF1466: Sistemas de almacenamiento	70
	UF1467: Aplicaciones microinformáticas e Internet para consulta y generación de documentación	40
MF0224_3: Administración de sistemas gestores de bases de datos	UF1468: Almacenamiento de la información e introducción a los SGBD	50
	UF1469: SGBD e instalación	70
	UF1470: Administración y monitorización de los SGBD	80
MF0225_3: Gestión de bases de datos	UF1471: Bases de datos relacionales y modelado de datos	70
	UF1472: Lenguajes de definición y modificación de datos SQL	60
	UF1473: Salvaguarda y seguridad de los datos	70
MP0313: Módulo de prácticas profesionales no laborales		80

Índice

Capítulo 1
Procesadores de texto, hojas de cálculo y edición de presentaciones

Contenido

1. Introducción

En la actualidad, se hace necesario el uso de herramientas para el manejo y edición de documentos ya que no se concibe la vida sin comunicación, ya sea por medios tradicionales o sobre todo por medios digitales.

En este capítulo se mostrará el manejo de los procesadores de texto más extendidos, para poder editar ficheros, así como programas para editar hojas de cálculo y la realización de presentaciones gráficas. De esta forma se podrán elaborar distintos tipos de documentos con las herramientas descritas anteriormente.

Asimismo, cuando se realiza una aplicación es aconsejable crear una documentación apropiada, tanto para el usuario final como para otros programadores. En un futuro ahorrará tiempo en explicar el manejo de la misma, tipos de datos a introducir, copias de seguridad, etc. También si hay que hacer cambios en la aplicación, como en la detección de errores. Por ello también se explicará la creación de la documentación técnica, sus funciones y las distintas guías que la componen.

2. Manejo y conocimiento a nivel de usuario

En este apartado se explicará a nivel de usuario una serie de aplicaciones que se encuentran integradas en lo que se denomina un "paquete ofimático", o también llamada *"suite"*.

Las distintas aplicaciones que componen el paquete pueden relacionarse entre sí sin problema, es decir, se pueden incorporar datos y resultados de una hoja de cálculo al texto que se está elaborando, así como también gráficos de una hoja de cálculo a una presentación; esta es la ventaja de utilizar una *suite*.

Los paquetes de ofimática que se han elegido para el estudio son *Microsoft Office 365 2021* y *LibreOffice 24.2*. De todas las aplicaciones con las que cuentan estos dos paquetes de ofimática se estudiarán solo los procesadores de texto, la hoja de cálculo y las presentaciones.

2.1. Procesadores de texto

Hay muchos procesadores de texto, desde el bloc de notas hasta los más comerciales, y también muchas versiones de cada uno de ellos, por lo que pueden variar mucho los resultados de unos a otros, pero básicamente con todos se puede hacer lo mismo, crear y editar documentos.

A continuación, se verán los más usados actualmente: *Microsoft Office Word 365 2021* y *Writer de LibreOffice 24.2*.

Acceso directo a Word 2021   Acceso directo a Writer de LibreOffice 24.2

Recuerde

Si no se tienen hechos los accesos directos en el Escritorio, se pueden acceder a los programas pulsando en el botón de **Inicio** y escribiendo en el buscador "Word" o "LibreOffice". Una vez que se muestre el resultado de la búsqueda, se pulsa con el botón derecho y se hace clic en **Abrir ubicación del archivo**, esto da acceso a la carpeta donde está ubicado el programa. Cuando se está dentro de la carpeta, se hará clic derecho al programa y se pulsa **Crear acceso directo**. Con esto, se tendrá el acceso directo en el escritorio.

También se puede llegar a las ubicaciones de los programas a través de **Este equipo** y navegando por las carpetas si se conoce la ruta.

La ventana de Aplicaciones de Office

Al iniciar la aplicación aparecerá la ventana que a continuación se explicará; hay una serie de elementos principales que son comunes tanto a *Word* como a *Excel* y *PowerPoint,* por lo tanto se utilizará la ventana de *Word* para ello:

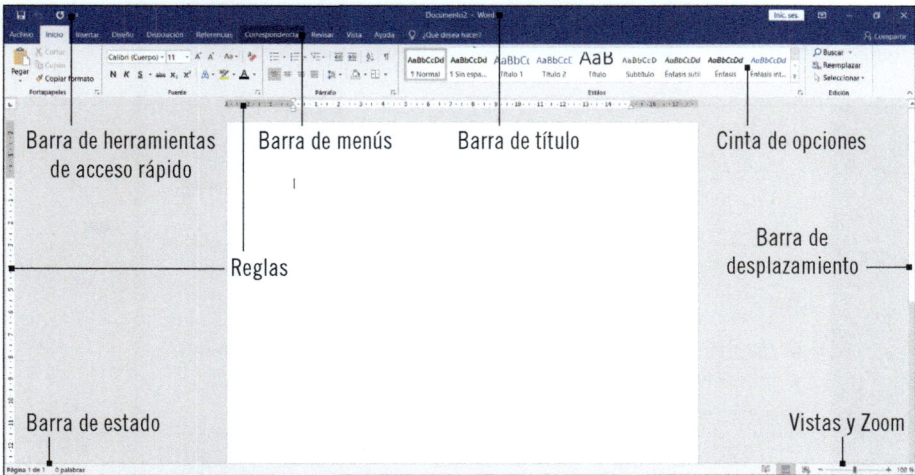

Pantalla de presentación de Word 2021

- La **Barra de título** aparece en la parte superior de la ventana con fondo azul y contiene el nombre de la aplicación que en ese momento se está usando, así como el nombre del archivo que está abierto. Si aún no se le ha dado nombre a este archivo aparecerá un nombre por defecto. En el caso de la imagen "Documento2". En *Excel* sería "Libro1" y en *Power Point* "Presentación1". En la esquina derecha de la barra aparecen los botones de **Minimizar, Restaurar/Maximizar** y **Cerrar**. Además, hay un botón para iniciar sesión con la cuenta de *Microsoft* y otro botón para modificar la presentación de la cinta de opciones.
- La **Barra de herramientas de acceso rápido** se utiliza para acceder rápidamente a los comandos más usados y se configura personalmente haciendo clic en su flecha desplegable y se selecciona el comando. Está al mismo nivel que la **Barra de título.**
- La **Barra de menús** es la siguiente barra por orden y en ella aparecen distintas pestañas que al ser seleccionadas muestran las órdenes correspondientes en la **Cinta de opciones.**

- El **área de trabajo** es la parte central de la ventana con apariencia de papel en blanco en el caso que se esté utilizando *Word,* en *Excel* la apariencia es de papel con cuadrículas y en *PowerPoint* una diapositiva en blanco. En esta área es donde el usuario va a introducir textos, datos, dar formato u operar con ellos.
- En la opción **Archivo** de la barra de menú, si hace clic en ella, aparecen los comandos básicos de *Office* que se muestran en la imagen siguiente:

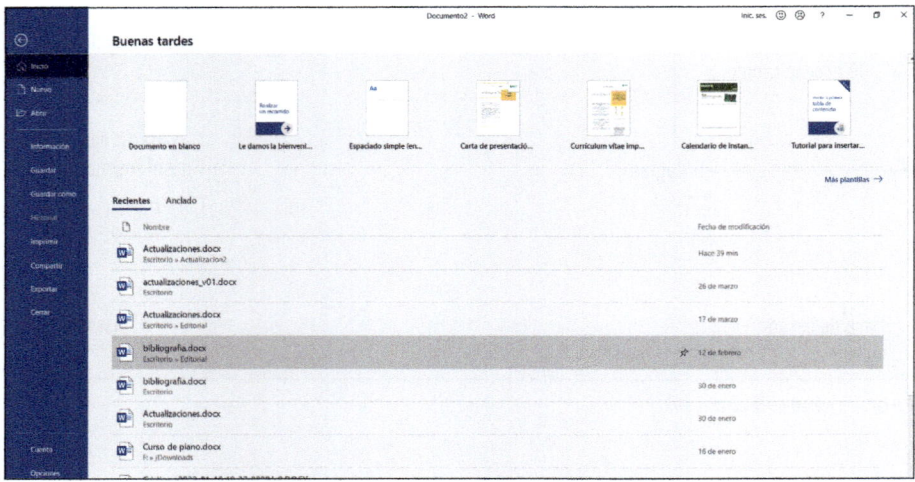

Comandos básicos de Office

- La **Barra de desplazamiento** (vertical) aparece a la derecha de la ventana y permite desplazarse por el documento; puede aparecer también en la parte inferior de la ventana (horizontal).
- La **Barra de estado,** situada en la parte inferior de la pantalla, muestra información de estado, tal como el número de páginas, número de palabras, página actual y un botón de revisión de la ortografía. En esta barra también se encuentran los botones de **Zoom** y **Vistas.**

La ventana de *LibreOffice 24.2*

Cuando se entra en la aplicación de *LibreOffice Writer* aparece la ventana que a continuación se explica. En esta ventana hay una serie de elementos comunes para las aplicaciones *LibreOffice Calc* y *LibreOffice Impress.*

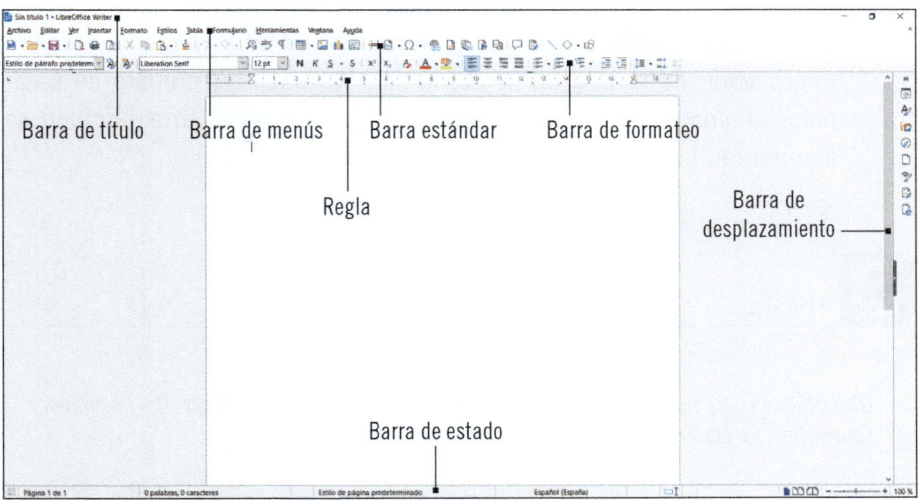

Ventana de LibreOffice Writer

- La **Barra de título** aparece en la parte superior de la ventana con fondo blanco y contiene el nombre de la aplicación que se está usando en ese momento, así como el nombre del archivo que está abierto. Si aún no se le ha dado nombre a este archivo, aparecerá un nombre por defecto. En el caso de la imagen "Sin título 1". Este nombre por defecto será el mismo para todos los programas del paquete de *LibreOffice*. En la esquina derecha de la barra aparecen los botones de **Minimizar, Restaurar/Maximizar** y **Cerrar.**

- La **Barra de menús** es la siguiente barra por orden y en ella aparecen los distintos menús de la aplicación con todas sus opciones.

- En la **Barra estándar** se visualizan unos botones con las opciones más utilizadas de los menús.

- La **Barra de formato** presenta los botones más utilizados para el formateo de un texto.

- El **área de trabajo** es la parte central de la ventana con apariencia de papel en blanco en el caso que se esté utilizando *LibreOffice Writer*. En *LibreOffice Calc* la apariencia es de papel con cuadrículas y en *LibreOffice Impress* una diapositiva en blanco. Esta es la zona de trabajo del usuario.

- La **Barra de desplazamiento** (vertical) aparece a la derecha de la ventana y permite desplazarse por el documento. Puede aparecer también en la parte inferior de la ventana (horizontal).

- La **Barra de Estado,** situada en la parte inferior de la ventana, muestra información de estado tal como número de páginas, número de palabras, idioma seleccionado y página actual. En esta barra también se encuentran los botones de **Vistas** y el **Zoom.**

 Nota

LibreOffice es una suite ofimática libre y de código abierto desarrollada por *The Document Foundation.* Se creó como bifurcación de *OpenOffice.org* en 2010.

Edición de texto

Una vez que se ha abierto el documento, aparece en el área de trabajo una barra vertical parpadeante que es el punto de inserción donde se puede empezar a escribir. Conforme se va escribiendo el punto de inserción se va desplazando hacia la derecha en el sentido de la escritura.

Si el documento que se abre no es nuevo, sino que ya tiene texto escrito, se necesitará colocar el punto de inserción en un determinado lugar para realizar cambios o continuar la escritura. La forma de realizar los desplazamientos puede ser:

- Utilizando el ratón, haga clic directamente donde se quiere situar el punto de inserción.
- Utilizando el teclado para desplazar el punto de inserción sobre el texto que ya está escrito. A continuación, se detallan en la siguiente tabla una serie de teclas para realizar los desplazamientos.

Teclas	Acción
[Flecha izquierda]	Mueve el punto de inserción (p.i.) un carácter a la izquierda.
[Flecha derecha]	Mueve el p.i. un carácter a la derecha.
[Flecha arriba]	Mueve el p.i. a la línea anterior.
[Flecha abajo]	Mueve el p.i. a la línea posterior.
[Control-Flecha izda.]	Mueve el p.i. al inicio de la palabra que se encuentra a la izquierda.
[Control-Flecha dcha.]	Mueve el p.i. al inicio de la palabra que se encuentra a la derecha.
[Inicio]	Mueve el p.i. al inicio de la línea actual.
[Fin]	Mueve el p.i. al final de la línea actual.
[Control-Inicio]	Mueve el p.i. al principio del documento.
[Control-Fin]	Mueve el p.i. al final del documento.
[AvPág]	Mueve el p.i. una ventana hacia abajo.
[RePág]	Mueve el p.i. una ventana hacia arriba.

Mientras no se especifique lo contrario, los apartados que se explican sirven para los dos tipos de procesadores de texto que se están tratando en este capítulo.

Selección de texto

Hay muchas acciones que necesitan indicar a qué parte del texto se hace referencia, y la forma de hacerlo es mediante la selección del texto a tratar. A continuación, se detallan las distintas formas de hacerlo, ya que se puede hacer con el ratón, con el teclado o con una combinación de ambos. Como norma general se puede seleccionar pulsando el botón izquierdo del ratón y manteniéndolo pulsado arrastrar hasta seleccionar el texto deseado. Otras formas de seleccionar serán:

Texto a seleccionar	Modo de selección
Una palabra	Haga doble clic con el ratón sobre la palabra a seleccionar.
Una frase	Pulse la tecla [Control] y haga clic en una palabra de la frase.
Una línea	Con el ratón en el margen izquierdo de la línea a seleccionar (ratón con forma de flecha) se hace clic.
Un párrafo	Haga doble clic con el ratón en el margen izquierdo (ratón con forma de flecha).
Varias líneas o varios párrafos	Con el ratón en el margen izquierdo pulse el botón izquierdo y arrastre hacia abajo hasta donde se quiera seleccionar.
Documento completo	Triple clic con el ratón en el margen izquierdo.
Texto o párrafos no contiguos	Seleccione el primer texto o párrafo y después con la tecla [Control] siga seleccionando.

Borrar. Deshacer y rehacer. Copiar, cortar y pegar

Entre los métodos de edición más utilizados están los arriba mencionados. Se desarrollará la forma más usual de hacerlo, teniendo en cuenta que existen distintas opciones para llevarlos a cabo.

- **Borrar:** para realizar el borrado de caracteres se puede usar la tecla [Supr], que borra el carácter situado a la derecha del punto de inserción, o la tecla [retroceso], que borra el carácter situado a la izquierda del punto de inserción. Si se quiere borrar gran cantidad de texto, primero se selecciona y luego se pulsa la tecla [Supr].
- **Deshacer y rehacer:** para deshacer la última acción realizada se utiliza el botón **Deshacer,** situado en la barra de herramientas de acceso rápido de *Word 2021* y en la barra estándar si es *LibreOffice Writer.* A continuación, se muestran las imágenes de los mismos. El botón **Rehacer** estará activo si anteriormente se ha usado el botón **Deshacer.**

Muestra de los botones
Deshacer y **Rehacer** *de Word 2021*

Botones **Deshacer**
y **Rehacer** *de Writer*

▮ **Cortar, copiar y pegar:** para realizar las acciones de copiar y cortar debe tener primero seleccionado un texto, luego pulse el botón **Cortar** o **Copiar** y, a continuación, sitúese en el lugar donde se quiere pegar lo seleccionado y pulse el botón **Pegar.** Estos botones se encuentran situados en la ficha de **Inicio** de *Word 2010* y en la barra estándar si se trabaja con *LibreOffice Writer.*

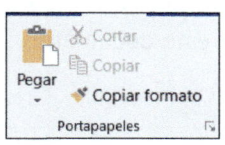

*Muestra de los botones **Cortar,** **Copiar** y **Pegar** de Word 2021*

Muestra de los botones ***Cortar,*** ***Copiar*** *y* ***Pegar*** *de Writer*

Recuerde

Puede utilizar también para estas acciones las teclas [Ctrl] + [X] para cortar, [Ctrl] + [C] para copiar y [Ctrl] + [V] para pegar, para cualquiera de los dos procesadores que aquí se están tratando.

Guardar el documento

Para guardar documentos se pueden utilizar distintos métodos. Si es un documento que se ha modificado solo habrá que guardar los cambios en el archivo ya existente; si es un documento nuevo o un documento con cambios que se quieren guardar en otro archivo distinto al que se tiene abierto, se deberá guardar proporcionando un nombre nuevo al archivo. A continuación, se detallan estas dos formas:

▮ Para guardar los cambios de un documento ya existente simplemente haga clic en la barra de menú de *Word 2021* en **Archivo →**

Guardar; o en el icono del disquete de la barra de acceso rápido; o en la barra de menú de *LibreOffice Writer* en **Archivo → Guardar;** o en el icono del disquete de la barra estándar.

▮ Si lo que se va a guardar es un documento nuevo o una nueva versión del documento al que se le han realizado los cambios (con un nombre nuevo), haga clic en la barra de menú tanto de *Word 2021* como de *LibreOffice Writer* en **Archivo → Guardar como.** En esta opción aparece un cuadro de diálogo para poder decir la ubicación donde se quiere guardar este documento.

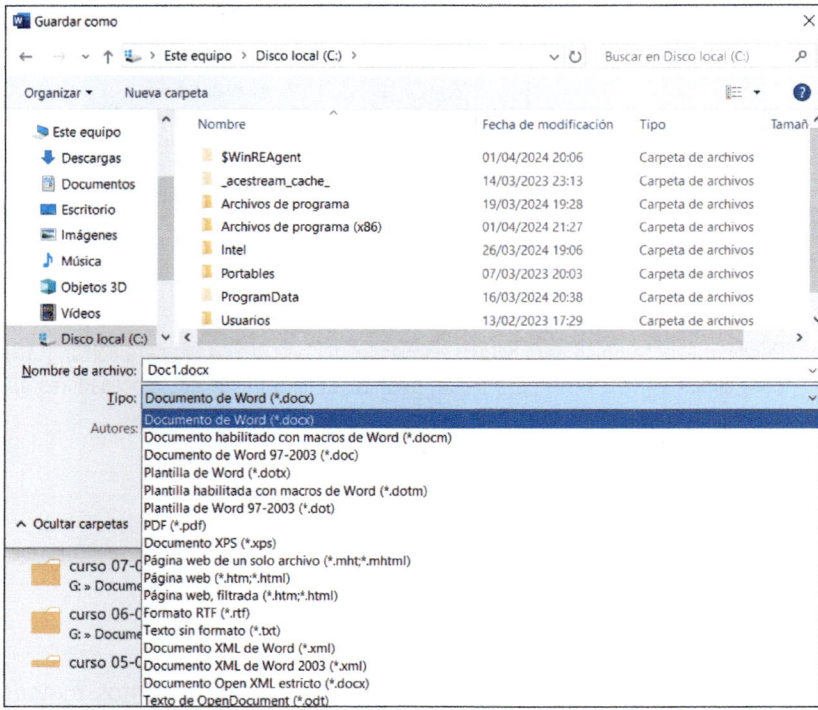

*Cuadro de diálogo de **Guardar como...** para Word 2021*

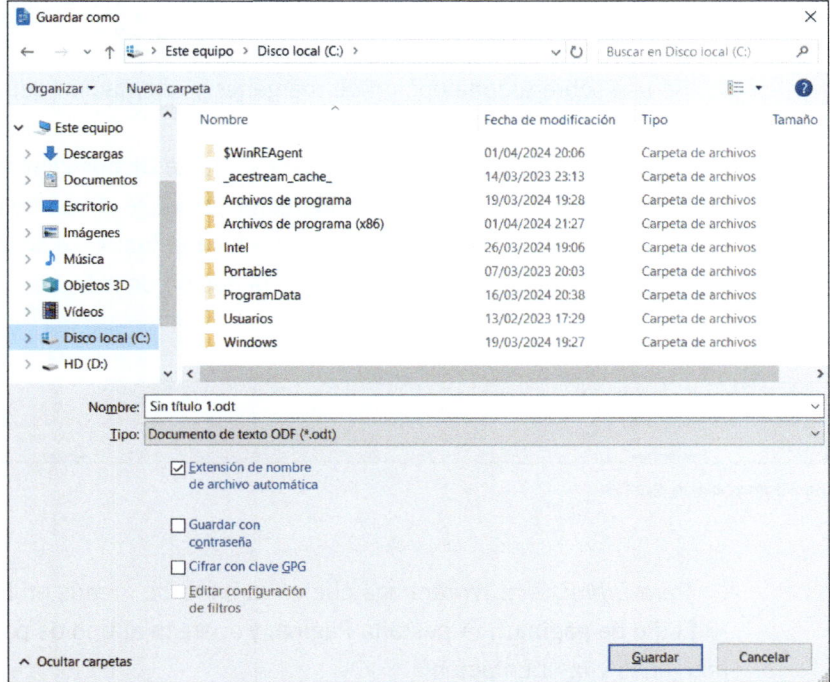

*Cuadro de diálogo de **Guardar como...** para LibreOffice Writer*

En cualquiera de los dos cuadros de diálogo se elige en qué carpeta se quiere ubicar el archivo y se escribe el nombre elegido en la barra correspondiente (Nombre de archivo o Nombre), y en la barra de abajo se elige el tipo de archivo. Por defecto los archivos de *Word 2021* tienen la extensión (tipo de archivo) "nombre de archivo.docx" y los de *LibreOffice Writer* "nombre de archivo.odt". Se pueden guardar en otros formatos o para que sean visibles en versiones anteriores desplegando las opciones de **Tipo** al guardar el archivo.

Formato de documento

Cuando se empieza a escribir un documento se puede establecer una serie de características o aplicarlas después de haberlo escrito. Como recomendación general resulta más cómodo establecerlas al principio del documento, tales como márgenes de página, estilo de fuente, tamaño, interlineado, etc.

Configuración de página

Se usa sobre todo la opción de márgenes y orientación del papel.

Para *Word 2021* se hace clic en la pestaña de **Disposición de la barra de menús** y luego en la opción **Márgenes;** se elige el tipo de margen que se desea aplicar al documento y para la orientación se accede a la opción de **Orientación,** justo al lado de la opción de márgenes.

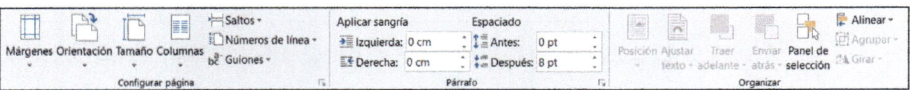

*Pestaña **Disposición** de Word 2021*

Para *LibreOffice Writer* haga clic en la barra de menús en **Formato → Estilo de página… →** pestaña **Página,** y aparece el tipo de papel, los márgenes y la orientación.

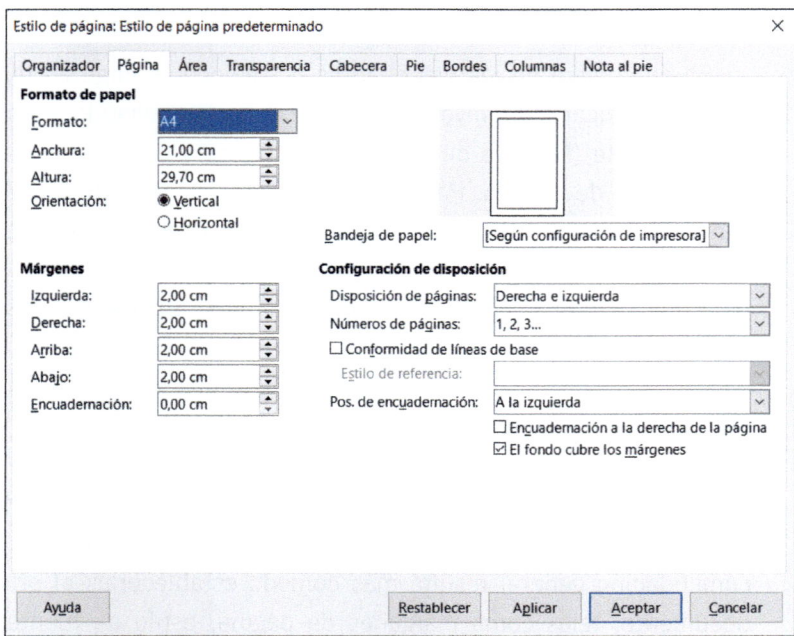

Ventana de formato de página de Writer

Formatos de fuente

Se denomina fuente al conjunto de caracteres con unas determinadas especificaciones, luego todo lo que tiene que ver con caracteres son los formatos de fuente. Tanto si se va a empezar a escribir un texto como si el texto ya está escrito y se selecciona para especificar las opciones de fuente que se quieren aplicar, se hará lo siguiente:

- Para *Word 2021* haga clic en el apartado **Inicio** de la barra de menús y en el apartado de **Fuente** se pueden elegir las distintas opciones de estilo, formato, color, negrita, etc. Para elegir se puede hacer clic en la flechita y escoger la opción deseada. Además, si se selecciona una palabra o texto aparecerá una pequeña ventana donde se puede modificar la fuente.
- Para *Writer (LibreOffice Writer)* se utilizan los botones de la barra de **Formato** donde están las opciones más comunes, o también se puede ir al botón de **Formato → Carácter...** de la barra de menús y aparece una ventana con todas las opciones de fuente distribuidas en distintas pestañas: **Fuente, Efectos de fuente, Posición,** etc.

 **Recuerde**

Cuando se activan las opciones de formato, por ejemplo negrita, tamaño 14 o color fuente rojo, se aplican sobre el texto que se ha seleccionado o si no hay un texto seleccionado se aplica a partir del punto de inserción a todo lo que se vaya a escribir después.

Formatos de párrafo

Las opciones para el formato de párrafo permiten especificar entre otras la alineación, el espaciado entre párrafos, interlineado y sangrías.

Para *Word 2021* haga clic en la pestaña **Inicio** de la barra de menús y luego fíjese en el apartado que pone **Párrafo.** Aquí, se puede elegir las distintas opciones de alineación (izquierda, centrada, derecha y justificada), sangrías, espaciado entre párrafos, creación de apartados, etc.

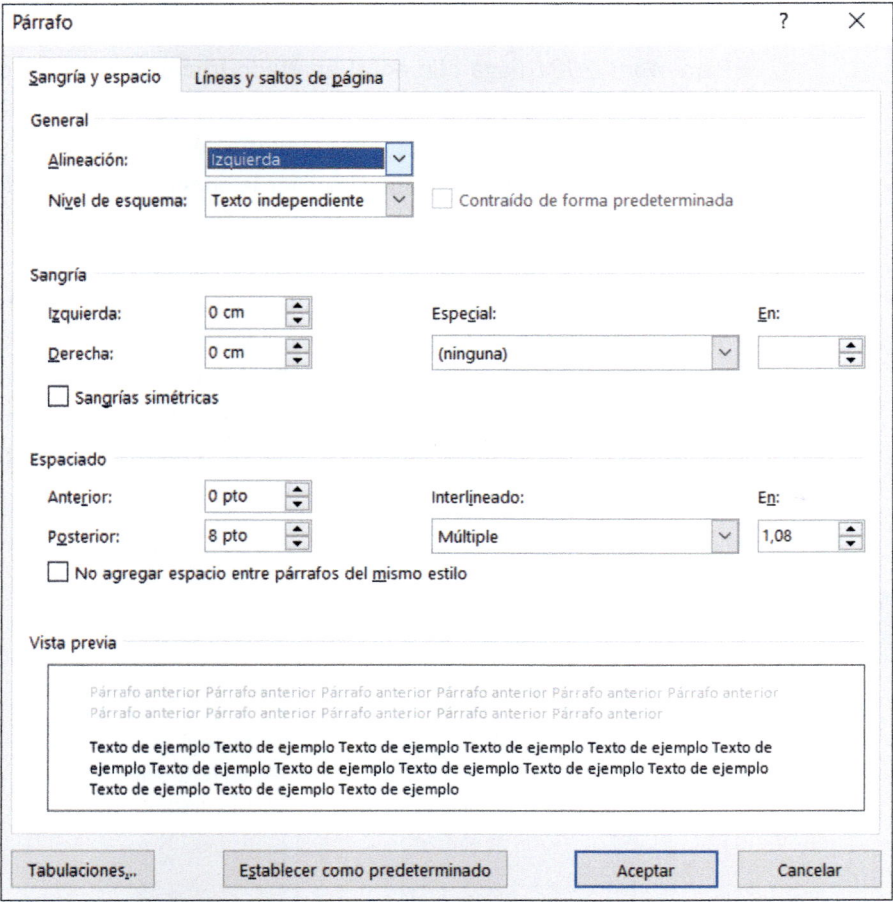

Opciones de párrafo en Word 2021

Para *Writer* se utilizan los botones de la barra de **Formato,** donde están las opciones más comunes, o también se puede ir al botón de **Formato → Párrafo...** de la barra de menús, y aparece una ventana con todas las opciones de párrafo distribuidas en distintas pestañas.

Importante

Se considera un párrafo el texto que está escrito entre dos pulsaciones de la tecla [Intro]. Sangría es el espacio que se deja entre el margen derecho o izquierdo y el texto.

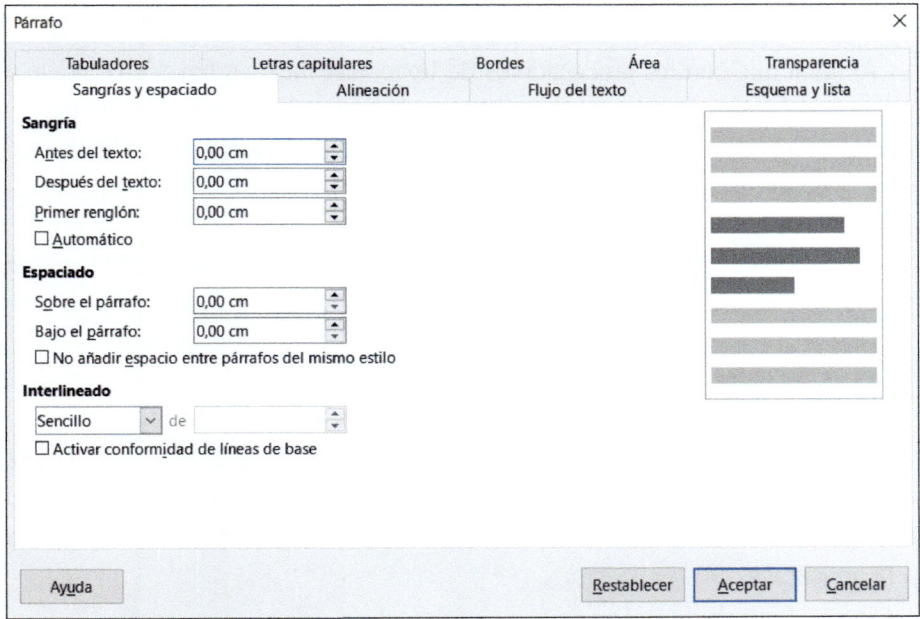

*Ventana de **Párrafo** de Writer*

Actividades

1. Abra un documento en *Word* o en *Writer,* copie el texto que aparece más abajo y después haga los siguientes cambios: poner la segunda palabra en negrita y cursiva, poner la sexta palabra en estilo de fuente Comic Sans Ms, poner la novena palabra con tamaño de fuente 14 y todo el texto con alineación centrada. Guarde el documento en la carpeta Mis Documentos con el nombre: "Cap-1-Actividad-1".

Continúa en página siguiente >>

<< Viene de página anterior

"La llave que se usa constantemente reluce como plata, no usándola se llena de herrumbre. Lo mismo pasa con el entendimiento."

Benjamín Franklin.

2.2. Hojas de Cálculo

Al igual que con los procesadores de texto, hay muchas hojas de cálculo y muchas versiones de cada una de ellas, por lo que pueden variar mucho los aspectos de unas a otras; pero básicamente con todas se puede hacer lo mismo, crear y editar hojas de cálculo.

A continuación, se verán las más usadas actualmente: *Excel 2021* y *Calc* de *LibreOffice 24.2.*

Inicio de las hojas de cálculo

Como ya se ha indicado, para iniciar las aplicaciones se puede hacer desde el icono de acceso directo del escritorio, si este está creado, o bien accediendo al buscador de *Windows* y escribiendo *Excel* o *Calc*. Esto llevará directamente a la aplicación.

Las ventanas en las hojas de cálculo

Son muy parecidas a las anteriormente descritas para los procesadores de texto, salvo por la aparición de algunas barras y opciones nuevas, como son:

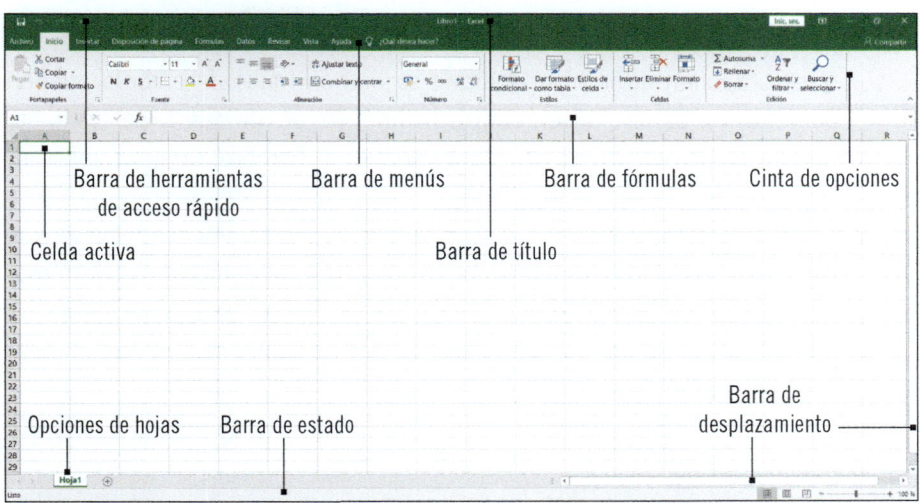

Ventana de Excel 2021

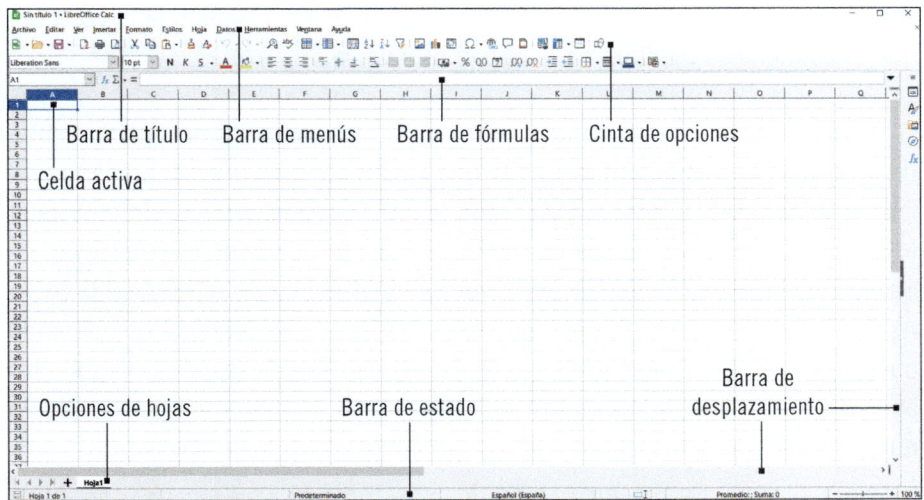

Ventana de LibreOffice Calc

- La **Barra de fórmula** es la última de las barras de herramientas. En ella aparece el índice de la celda activa y el contenido de la celda, ya que lo que se ve en la hoja de cálculo es la interpretación que hace la aplicación de lo puesto por el usuario dentro de la celda.

Nota: la celda activa es la que se marca con un recuadro resaltado en ambas imágenes anteriores.

- Las **Opciones de hojas** es un menú para hacer uso de todas las hojas que componen el archivo. Aunque se llamen hojas de cálculo pueden contener varias de ellas en un mismo archivo, de ahí que *Excel* los llame libros. Desde este punto se podrá cambiar el nombre, ordenar, insertar, etc.
- El **Área de datos** varía con respecto a lo visto en los procesadores ya que tiene forma de tabla, formada por filas (horizontal nombradas por números) y columnas (vertical nombradas por letras). Cada intersección será una celda y quedará nombrada por la letra y el número correspondiente; ese será su índice.

Introducción de datos

Para rellenar la hoja de datos bastará con que haga clic en la celda en la que quiera almacenar el dato y escribirlo en ella. Si es numérico se alineará a la derecha y si es texto lo hará a la izquierda; si es más ancho que la columna que lo contiene se montará en la otra si está vacía.

Para hacer los cálculos se utilizan las fórmulas. Las hojas de cálculo tienen un lenguaje especial para ellas y hay que respetarlo para que se puedan realizar correctamente las operaciones. Toda fórmula comienza con el símbolo igual (=), al ponerlo el modo de edición variará; haga clic en las celdas para seleccionarlas e incorporarlas a la fórmula o bien escribir la referencia de la celda (A1 o A2, etc.) Tras ello ponga el operador que se quiere, luego el segundo operando o referencia a la celda y si la fórmula lo requiere puede seguir poniendo otro operador y el siguiente operando, de modo que la fórmula realizará el cálculo que se desea con tantos operadores y operandos como sean necesarios.

Para terminar de escribir la fórmula pulse la tecla [Intro]. En la celda aparecerá el resultado de la fórmula y si se quiere ver de nuevo la fórmula habrá que situarse en la celda correspondiente y en la barra de fórmula aparecerá, donde se podrán hacer cambios si es que algo no estaba bien.

Los operadores se dividen en cuatro tipos: aritméticos, de comparación, concatenación de texto y referencia:

Operador aritmético	Significado	Ejemplo
+	Suma	=5+8
-	Resta Negación	=6-4 =-2
*	Multiplicación	=4*9
/	División	=6/2
%	Porcentaje	=50%
^	Exponenciación	=4^2

Operador de comparación	Significado	Ejemplo
=	Igual a	=A1=A2
>	Mayor que	=A1>B2
<	Menor que	=A1<B2
>=	Mayor o igual que	=A1>=B2
<=	Menor o igual que	=A1<=B2
<>	No es igual a	=A1<>B2

Operador de texto	Significado	Ejemplo
&	Concatena dos valores para generar un valor continuo	="Hola"&"Mundo"

Operador de referencia	Significado	Ejemplo
:	Operador de rango	=SUMA(A1:A7)
.	Operador de unión	=SUMA(A1:A7.B1:B7)
(espacio)	Operador de intersección	=SUMA(A1:A7 B1:B7)

Continúa en página siguiente >>

<< Viene de página anterior

Operador de referencia	Significado	Ejemplo
#	Se usa en varios contextos: - Como parte de un nombre de error - Para indicar que no hay suficiente espacio para representar - Operador de rango desbordado	- Error #¡VALOR! - ##### - =SUMA(B2#)
@	Operador de referencia	=A1@A8

Las fórmulas deben escribirse sin espacios de separación, ya que a veces la aplicación puede que las interprete como un texto y no dará el resultado esperado.

El orden de precedencia de los operadores aritméticos es el siguiente: **Negación, Porcentaje, Exponenciación, Multiplicación y División** y **Suma y Resta**. Si se desea cambiar el orden de ejecución de las operaciones se deberán usar paréntesis en aquellas operaciones que se quieran realizar primero.

Ejemplo

Si se escribe = 2+3*5, el resultado que dará será 17; si se quiere que devuelva 25 se debe escribir = (2+3)*5.

Para editar una celda haga doble clic sobre ella o una vez que esté seleccionada con la tecla de función [F2]. Para salir del modo edición sin hacer cambios pulse la tecla [Esc].

Para borrar el contenido de la celda bastará con posicionarse en ella y pulsar la tecla [Supr]. Para borrar parte de la celda o bien el formato, la fórmula, etc.; se puede hacer doble clic sobre la celda y pulsar la tecla [Retroceso] tanto en la propia celda, como en la barra de fórmulas.

Otra opción interesante a la hora de rellenar una hoja sería usar el botón de **Autorrelleno.** Este es el cuadrito de la esquina inferior derecha de la celda activa, por ello está sensiblemente resaltado.

Si se arrastra desde él se puede conseguir que se repita el texto escrito, salvo que pertenezca a una lista personalizada (en *Excel)* u ordenada (en *Calc),* que en ese caso continuará la lista. También si se seleccionan varias celdas hará lista con ellas y si son dos y numéricas hará una progresión aritmética con ellas. Si es fecha genera las siguientes:

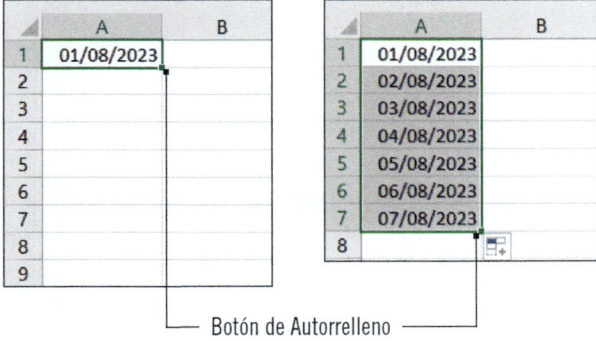

Botón de Autorrelleno

Detalle del botón de autorrellenado

 Actividades

2. Realice una serie que comience en la fecha 10/09/24 y que con diferencia de cinco días termine en la fecha 25/10/2024 mediante el botón de autorrelleno.
3. Escriba en una celda "Lunes", y utilizando el botón de autorrelleno arrastre durante seis celdas más.

Selección de elementos

Al igual que en los procesadores de texto también en las hojas de cálculo se hará necesario seleccionar partes de ellas para hacer alguna acción sobre esa área.

Como de costumbre se puede recurrir a la selección con el ratón de las celdas que interesen. Si se desea hacer una selección por filas o columnas se realizará sobre los números de las filas o las letras para las columnas. Si se arrastra sobre ellos se podrá ampliar a varios números o letras.

 Importante

Para desplazarse por las hojas se pueden usar las teclas de flechas del cursor o haciendo clic con el ratón. [Control] + [Inicio] lleva a la celda A1 y [Control] + [Fin], a la última celda escrita.

Para añadir partes que no estén juntas a la selección hágalo manteniendo pulsada la tecla [Control] y continuando con la selección.

Manejo de hojas

Cada archivo de hojas puede contener varias de ellas. Dependiendo de la versión y el programa varían tanto el número como el tamaño de ellas. En esta versión de *Excel 2021* las columnas van de la "A" a la "XFD" y las filas de la 1 a la 1.048.576, lo cual da una imagen del tamaño que puede tener. En *Calc 24.2* las columnas van de la "A" a la "AMJ" y las filas de la 1 a la 1.048.576. Si con todas estas celdas no se tuvieran bastantes también se pueden incluir más hojas desde las **Opciones de hoja.** Con el botón derecho sobre ella aparecerá un menú contextual que permitirá: **Cambiar nombre, Borrar, Insertar,** etc.

También puede arrastrar para mover las hojas y colocarlas en el orden que se quiera, o haciendo clic sobre el nombre para cambiarlo.

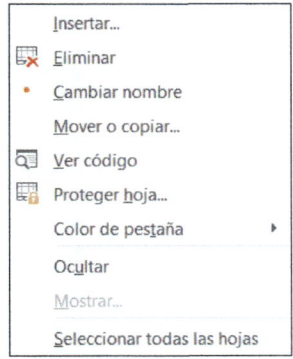

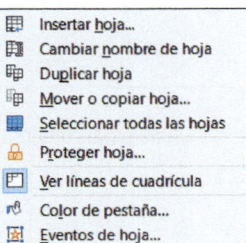

Menú contextual de hoja en Excel 2021   *Menú contextual de hoja en Calc 24.2*

Guardar las hojas

Para guardar el archivo se hará igual que con los procesadores de texto, estando disponibles las opciones de **Guardar** y **Guardar como…,** como ya se explicó.

Formato de las celdas

Al igual que en el procesador de texto, las celdas se pueden formatear en cuanto a fuente y alineación. En relación a la forma de mostrar el contenido puede hacerse con las opciones de **Número;** dependiendo del valor a mostrar puede ser: **Número, Moneda, Fecha, Hora, Porcentaje,** etc.

Si la celda está formateada por ejemplo de **Moneda,** el programa mostrará por defecto la moneda elegida. Si elige **Porcentaje,** el valor de la celda quedará multiplicado por 100.

Puede hacerlo usando los botones **Número** de la cinta de opciones en *Excel,* o en la barra de formato en *Calc.* También puede elegir el número de decimales que mostrará la celda.

Funciones

Las funciones son fórmulas ya predefinidas por el propio programa, por ello se debería conocer cómo funcionan pues ahorrarán mucho trabajo al usuario.

Se pueden utilizar en cualquier parte de una fórmula que se vaya a completar. Un formato general podría ser:

=función(argumento1; argumento2; argumento3;...)

Para activar el asistente de funciones lo más fácil es que vaya a la barra de fórmulas y haga clic en el icono **fx,** a la izquierda del cuadro de introducir datos.

Las funciones se agrupan por categorías: **Matemáticas, Estadísticas, Financieras,** etc. Hay que asegurarse que está seleccionada la opción de **Todas** o que se sabe dónde buscar. Una vez seleccionada la función el siguiente paso será añadir los argumentos; puede escribirlos o haciendo clic con el ratón elegir las celdas adecuadas.

Ejemplo

Si se escribe =A1+A2+A3+A4+A5 el resultado que dará será el mismo que si se utiliza la función SUMA:

=SUMA(A1:A5)

Los dos puntos quieren decir que es un rango que va desde la celda A1 hasta la A5.

Las funciones más usuales son:

Función	Descripción
Suma(A1;A2...)	Suma el contenido de las celdas.
Promedio(A1;A2...)	Calcula la media aritmética de las celdas.
Max(A1;A2...)	Devuelve el mayor valor de las celdas.
Min(A1;A2...)	Devuelve el menor valor de las celdas.
Raiz(A1)	Devuelve la raíz cuadrada de un número.
Si(Condición;verdadero;falso)	Si se cumple la condición devuelve el valor de "verdadero"; si no se cumple devuelve el valor de "falso".

La condición se hará con un operador de comparación, estos son:

Función	Operador
Igual	=
Distinto	<>
Mayor que	>
Menor que	<
Mayor o igual que	>=
Menor o igual que	<=

2.3. Aplicación práctica

A continuación se va a practicar con el programa de *Calc*. Se deben rellenar los datos que aparecen en la siguiente tabla, calcular las funciones y mediante las opciones de **Formato** y el botón de **Autorrelleno** completarla y encontrar las soluciones.

Vendedor	Enero				Total	Media
Juan	150,6	2200,5	1250			
Marta	120,5	250,25	3000			
María	1000	250,15	1250			
Mara	150	1300,1	600,8			
Total						

Solución

Pasos:

1. Cree una hoja en blanco.

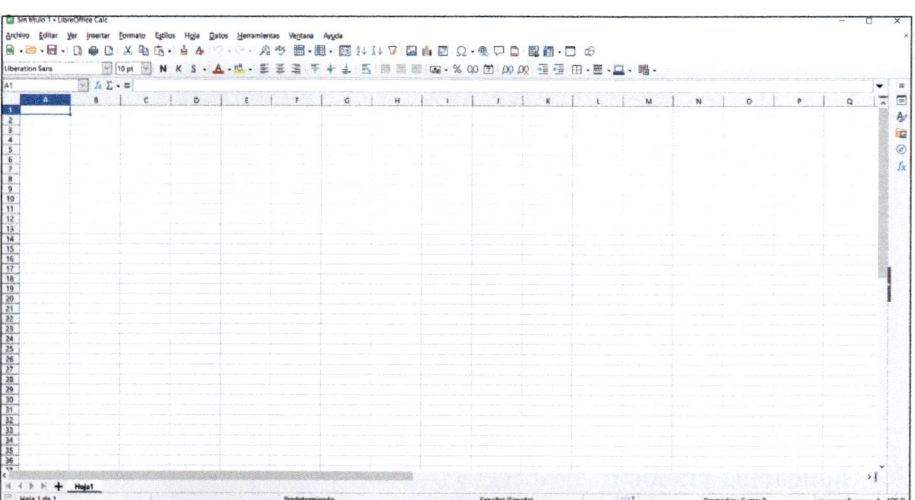

2. Rellene los datos como están en la tabla.

	A	B	C	D	E	F	G	H
1	Vendedor	Enero					Total	Media
2	Juan	150,6	2200,5	1250				
3	Marta	120,5	250,25	3000				
4	María	1000	250,15	1250				
5	Mara	150	1300,1	600,8				
6								
7	Total							
8								

3. Seleccione las celdas que contienen los números y elija el botón de formato **Moneda.**

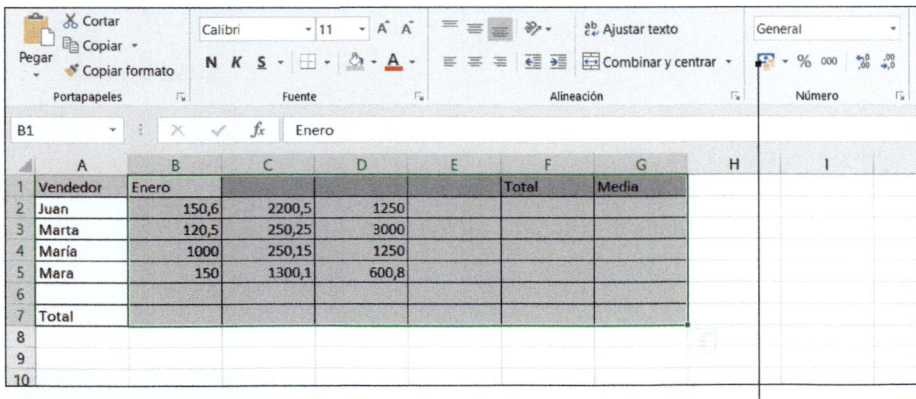

Formato moneda

4. Seleccione la celda que contiene "Enero" y con el botón de **Autorrellenar** arrastre dos celdas a la derecha.

	A	B	C	D	E	F	G	H
1	Vendedor	Enero	Febrero	Marzo			Total	Media
2	Juan	150,60 €	2.200,50 €	1.250,00 €				
3	Marta	120,50 €	250,25 €	3.000,00 €				
4	María	1.000,00 €	250,15 €	1.250,00 €				
5	Mara	150,00 €	1.300,10 €	600,80 €				
6								
7	Total							
8								
9								

Botón autorrelleno

5. Seleccione las celdas donde van los resultados y elija las funciones a realizar (Función **SUMA** y función **PROMEDIO**). Con el botón de **Autorrelleno** complete el cuadro.

G2		✕ ✓ *fx*	=PROMEDIO(B2;C2;D2)					
	A	B	C	D	E	F	G	H
1	Vendedor	Enero	Febrero	Marzo		Total	Media	
2	Juan	150,60 €	2.200,50 €	1.250,00 €		3.601,10 €	1.200,37 €	
3	Marta	120,50 €	250,25 €	3.000,00 €				
4	María	1.000,00 €	250,15 €	1.250,00 €				
5	Mara	150,00 €	1.300,10 €	600,80 €				
6								
7	Total							
8								
9								

Botón Autorrelleno

6. Seleccione las celdas de "Total" por columnas (B,C,D) y utilice la función a realizar (Función **SUMA**). Guarde la hoja.

Botón de Guardar

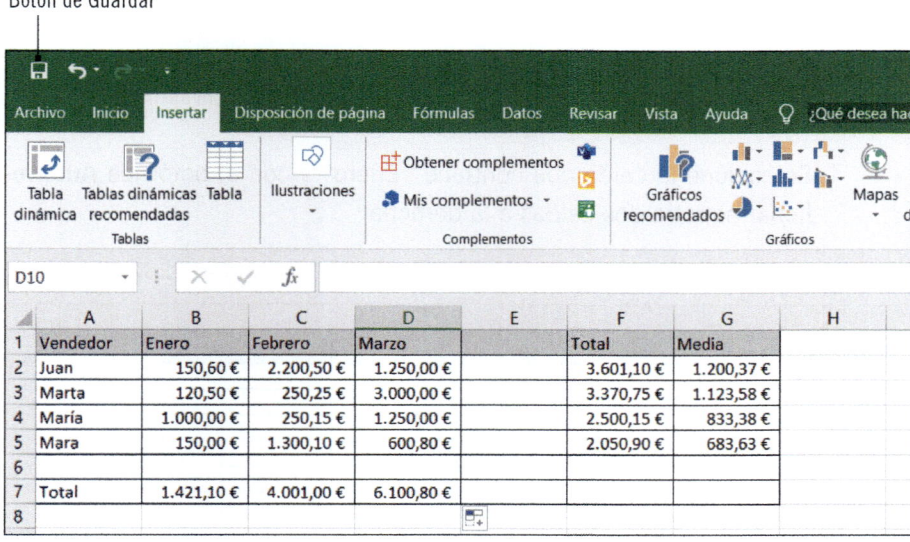

D10		✕ ✓ *fx*						
	A	B	C	D	E	F	G	H
1	Vendedor	Enero	Febrero	Marzo		Total	Media	
2	Juan	150,60 €	2.200,50 €	1.250,00 €		3.601,10 €	1.200,37 €	
3	Marta	120,50 €	250,25 €	3.000,00 €		3.370,75 €	1.123,58 €	
4	María	1.000,00 €	250,15 €	1.250,00 €		2.500,15 €	833,38 €	
5	Mara	150,00 €	1.300,10 €	600,80 €		2.050,90 €	683,63 €	
6								
7	Total	1.421,10 €	4.001,00 €	6.100,80 €				
8								

2.4. Edición de presentaciones

Una presentación no es más que una sucesión de pantallas para apoyar una exposición que hace un orador. A cada pantalla se le da el nombre de diapositiva.

En este apartado se explicará cómo hacer más llamativa una presentación añadiendo distintas propiedades como: efectos de animación, transiciones, etc.

 **Definición**

Transición
Es el efecto (persianas, espiral, etc.) con que aparece una diapositiva. Los efectos de animación se pueden aplicar a cada elemento de una diapositiva.

Inicio de las presentaciones

Como ya se ha indicado, para iniciar las aplicaciones se puede hacer desde el acceso directo del Escritorio, si se ha creado, o bien accediendo al buscador de *Windows* y escribiendo *Power Point* o *Impress.* Esto llevará directamente a la aplicación.

Las ventanas en las presentaciones

Son muy parecidas a las anteriormente descritas para los procesadores de textos y las hojas de cálculo, pero con opciones nuevas dentro de los menús en la cinta de opciones:

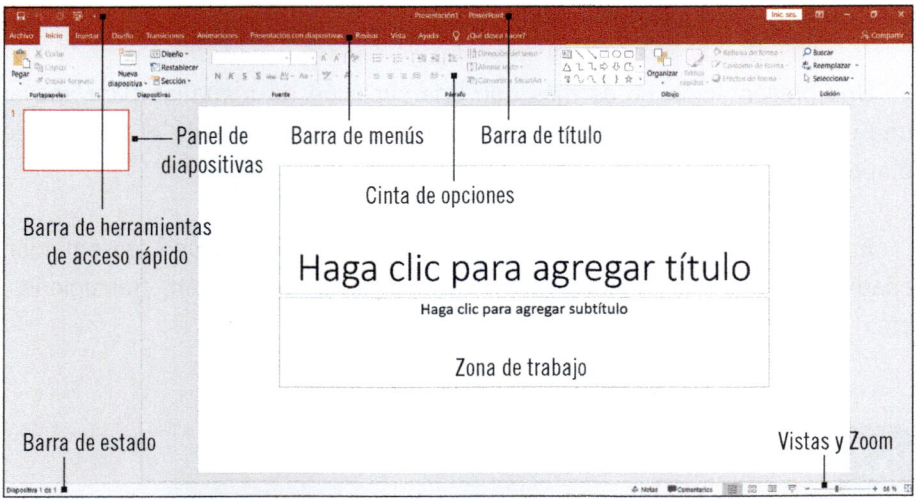

Ventana de PowerPoint 2021

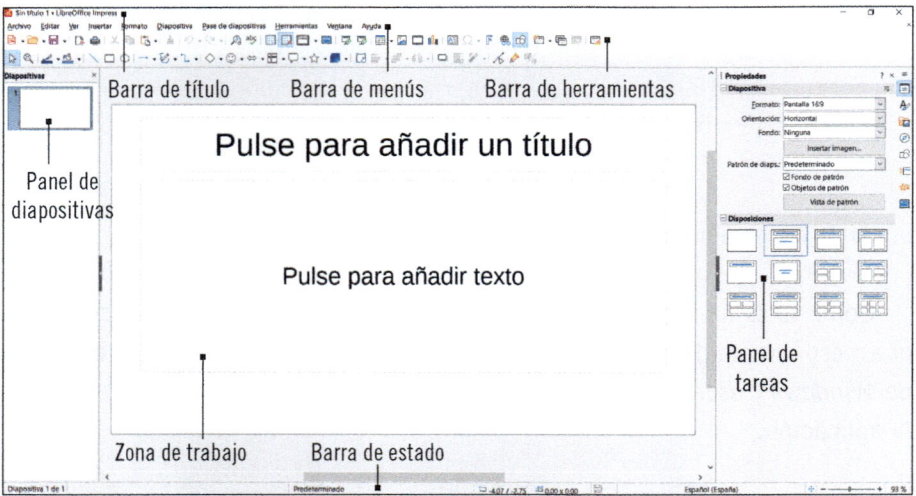

Ventana de LibreOffice Impress 24.2

- El **Panel de diapositivas** es la parte izquierda del área de trabajo. En esta zona se puede tener una visión completa de todas las diapositivas que componen la presentación y desplazarse de una a otra haciendo clic.
- El **Panel de tareas** es la parte derecha del área de trabajo. Esta zona variará ofreciendo los tipos de diapositiva, transiciones, efectos, etc.

Introducción de diapositivas

En *PowerPoint* comience con una diapositiva en blanco y sobre ella debe ir a la pestaña **Diseño** y elegir el **Tema,** que será el estilo de todas las diapositivas que compongan la presentación.

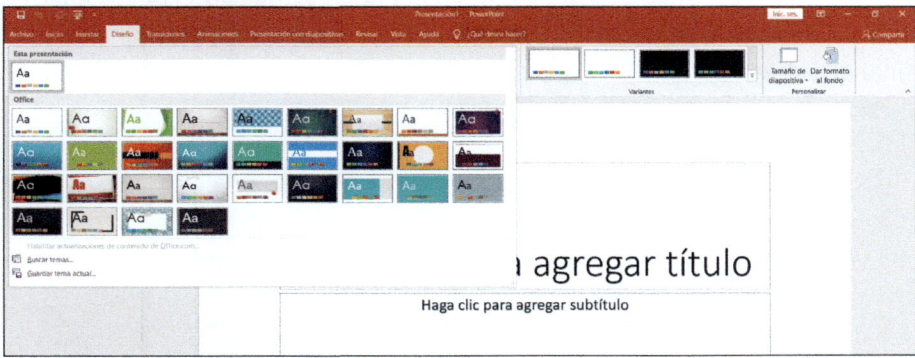

*Opciones de **Temas** en PowerPoint 2021*

Tras esto debe ir a la pestaña **Inicio** y en el grupo **Diapositivas** opción **Diseño** elija el **Tipo** de diapositiva que más se parece al resultado final que desea lograr.

Luego seleccione las partes que no se usen y dando a la tecla [Supr] podrá eliminarlas, y con la pestaña **Insertar** añada las partes que no estuviesen en el diseño original.

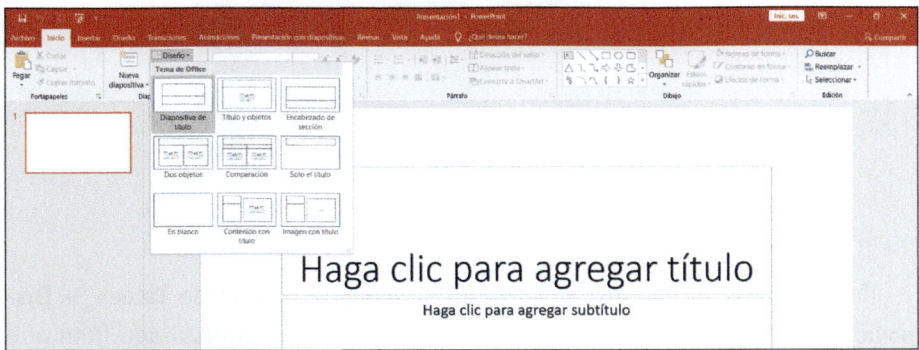

*Opciones de **Diseño** de diapositivas en PowerPoint 2021*

Se pueden añadir tantas diapositivas como sea necesario hasta completar la presentación en **Inicio → Nueva diapositiva,** eligiendo el diseño en cada diapositiva e insertando o suprimiendo los elementos de la diapositiva que no hagan falta.

En cuanto a *Impress*, comienza igual con la primera diapositiva también en blanco. Si quiere establecer un estilo a toda la presentación vaya al **Panel de Tareas → Patrones de diapositivas** y elija el diseño que se aproxime al resultado final que desea obtener:

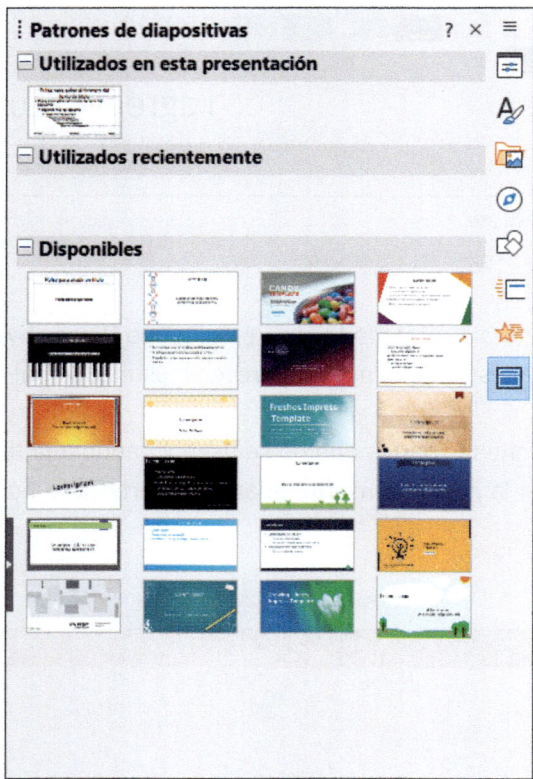

Opciones de **Patrones de diapositivas** *en Impress*

Para cambiar el formato de la diapositiva elija en **Panel de Tareas → Disposiciones** y se seleccionará el diseño que se aproxime al resultado final que desea lograr.

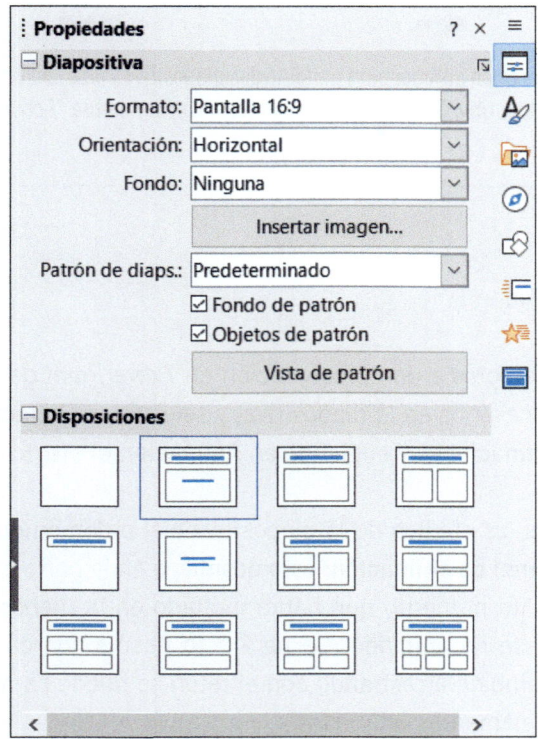

*Opciones de **Disposiciones de diapositivas** en Impress*

Añada las diapositivas necesarias a la presentación en **Diapositiva → Diapositiva nueva** o haciendo clic derecho en la zona de **Diapositivas** y pulsando en **Diapositiva nueva,** variando sus diseños e insertando las partes que hagan falta (tablas, imágenes, etc.) desde las barras de herramientas o en las opciones del menú **Insertar,** y suprimiendo las que no sean necesarias seleccionándolas y usando el botón [Supr].

Actividades

4. Prepare en Impress una diapositiva con título y cuatro imágenes obtenidas de Internet. Guárdela con el nombre "Actividad4".

Continúa en página siguiente >>

<< Viene de página anterior

5. Abra la presentación anterior para añadirle dos diapositivas más con título y dos marcos
con viñetas cada uno. Guarde esta presentación con el nombre "Actividad5".

Efectos y animación

Para agregar efectos a una presentación en *PowerPoint* debe colocar todos
los elementos necesarios en la diapositiva, y seleccione el efecto haciendo clic
en la pestaña **Animaciones** y eligiendo en **Animación** el efecto que quiere usar.

Para ver todos los efectos de la diapositiva y el orden en que se realizarán,
pulse el botón **Panel de animación:** esto despliega en la parte derecha un panel
donde podrá ver un numerito que habrá incluido en la diapositiva, y marcará
el elemento que se ha animado. Se hará esto mismo con cada parte que se
quiera animar; también arrastrando con el ratón se puede cambiar el orden de
aparición de los elementos animados.

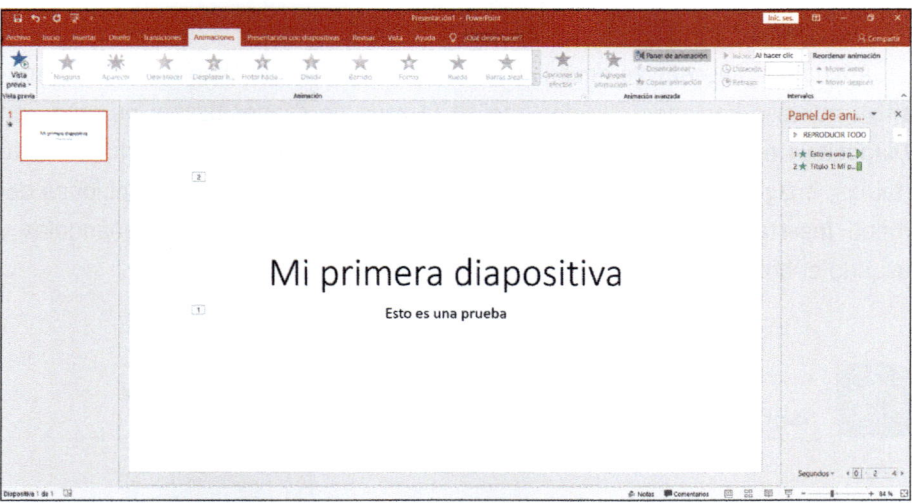

Opciones de animaciones en PowerPoint 2021

El botón **Reproducir** permitirá ver el efecto en la diapositiva.

Puede añadir transición de una diapositiva a otra eligiendo el efecto deseado en: **Transiciones** a esta diapositiva. También puede definir la misma transición para toda la presentación en: **Aplicar a Todas.**

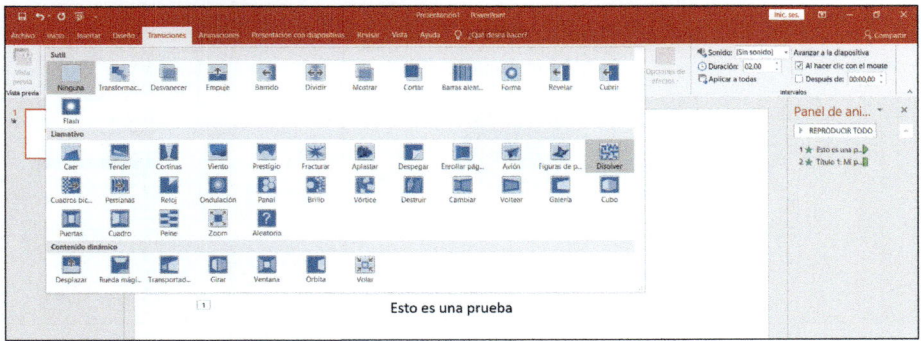

Opciones de transiciones en PowerPoint 2021

También con la tecla [F5] se verá una vista previa de la presentación.

 **Importante**

En el panel de diapositivas se pueden ver todas las diapositivas que componen la presentación.

En cuanto a *Impress,* el proceso es el mismo, salvo que el camino es: **Panel de tareas → Transición entre diapositivas.**

Para los efectos de paso de una diapositiva a otra (transición) y para animar los elementos de la diapositiva es: **Panel de tareas → Animación.**

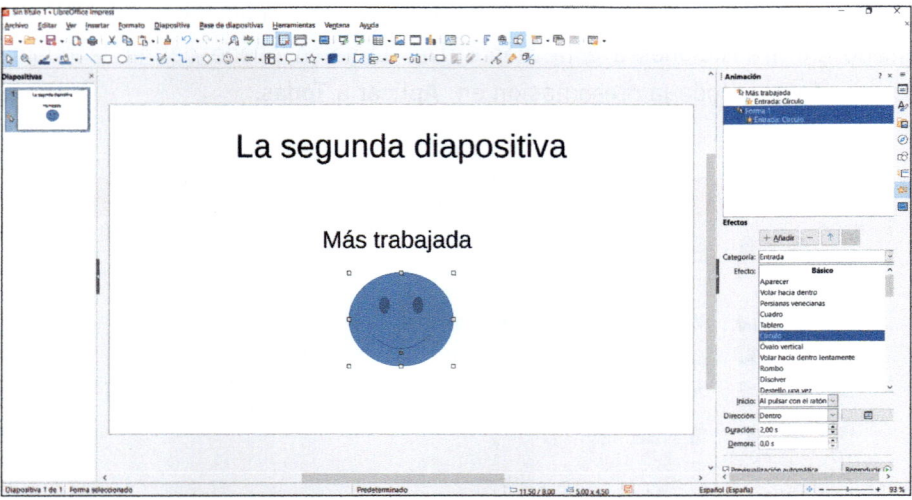

Animación personalizada en Impress

2.5. Aplicación práctica

A continuación, se va a practicar con el programa *Impress,* realizando una
presentación con la plantilla en estilo Metrópolis:

	Diapo 1	**Diapo 2**	**Diapo 3**	**Diapo 4**
Título	Presentación	*Word*	*Excel*	*Powerpoint*
Texto	*Office*	Procesador de textos	Hoja de cálculo	Presentaciones
Efecto al texto	Círculo	Rombo	Fusta	Volar hacia dentro
Transición	Tablero vertical	Forma de signo de más	Desvanecer suavemente	Barrido hacia abajo

Solución

Pasos:

1. Entre en el programa y en el **Panel de Tareas** seleccione **Patrones de diapositivas** y el estilo Metrópolis.

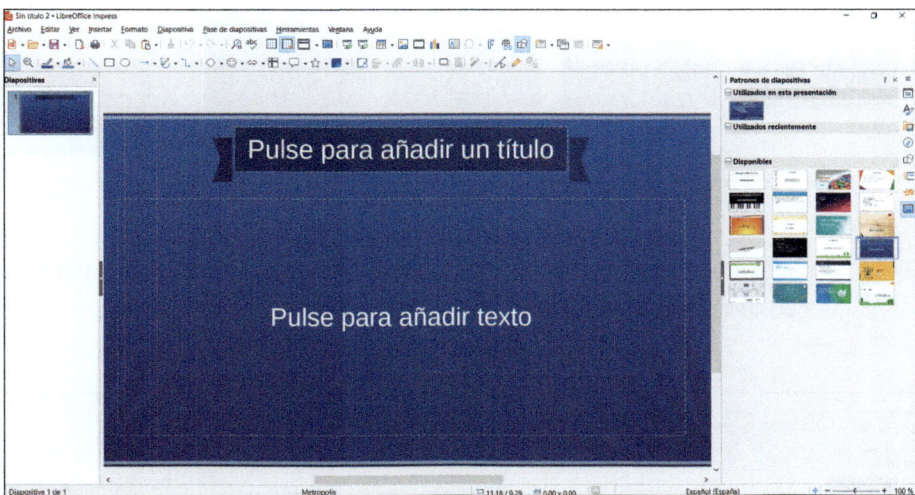

2. Inserte las otras tres diapositivas que faltan con **Diapositiva → Diapositiva nueva** o haciendo clic derecho en la zona de **Diapositivas** y pulsando en **Diapositiva nueva.**

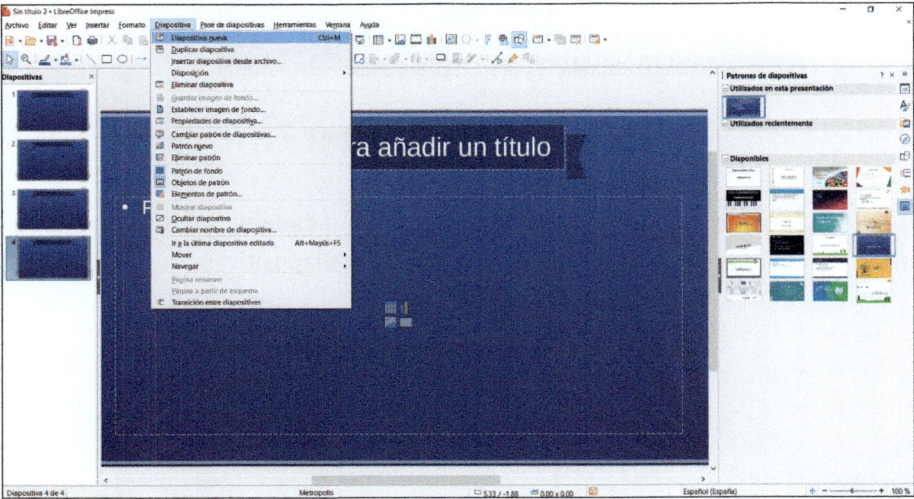

3. Rellene los textos según la tabla.

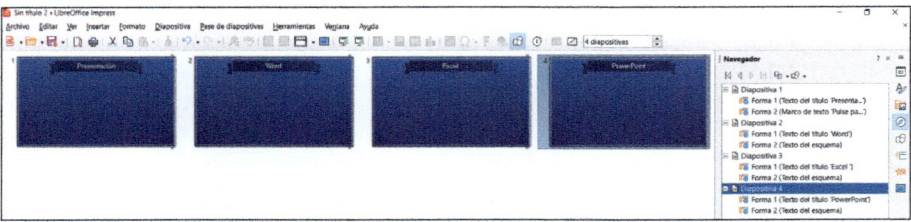

4. Seleccione cada texto y dele el efecto de entrada indicado en la tabla
   con la opción **Panel de tareas → Animación.**

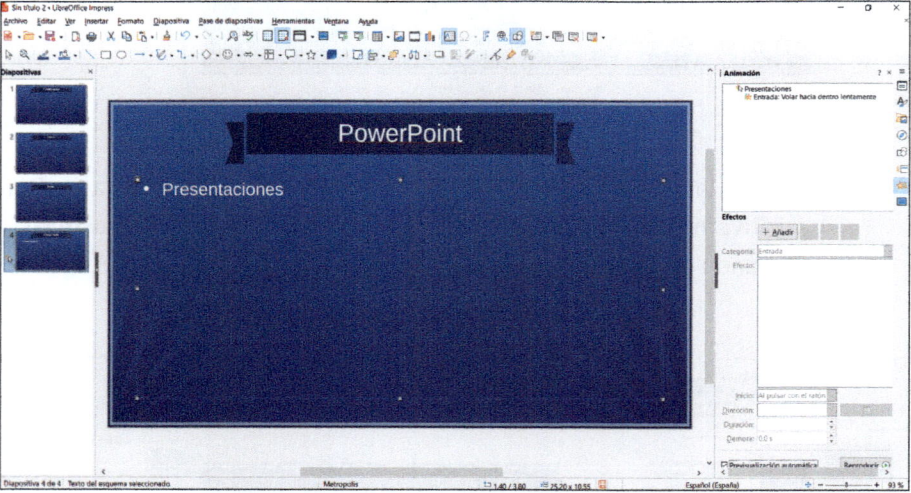

5. En cada diapositiva elija la transición indicada en la tabla con la opción **Panel de tareas → Transición entre diapositivas.**

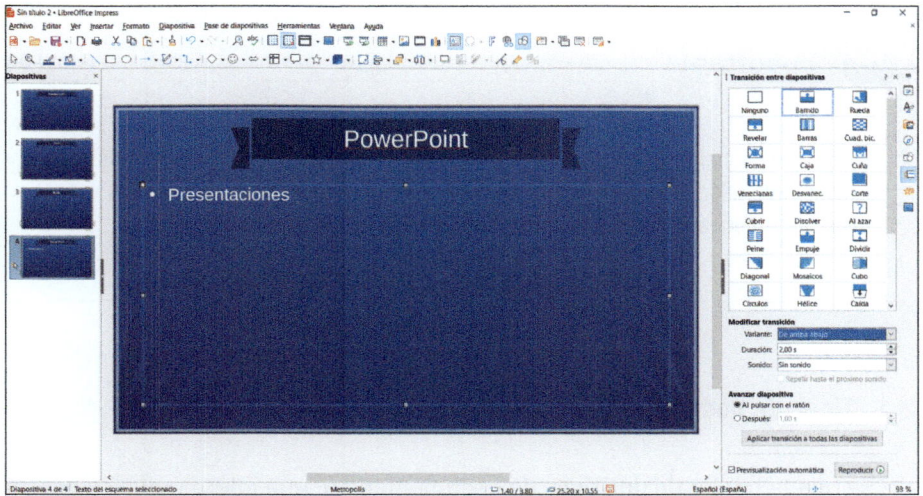

6. Guarde la presentación.

3. Técnicas de elaboración de documentación técnica

Documentar, según la RAE, es: "Instruir o informar a alguien acerca de las noticias y pruebas que atañen a un asunto". En este caso se hace referencia principalmente a documentar sistemas informáticos. Una mala documentación del *software,* ya sean programas de aplicación, sistemas de base de datos, etc., conlleva un trabajo adicional tanto para el mantenimiento del sistema como para el usuario, debido a que se pueden estar cometiendo errores que se podrían reconocer y subsanar con una adecuada documentación.

La documentación de un sistema, comienza con la recolección de los requisitos de este antes de comenzar a implementarlo y finaliza con la entrega de la aplicación al cliente o usuario junto con un documento de pruebas. Además, se le entrega una guía técnica, una guía de uso y una guía de instalación.

Importante

Al hablar de sistema informático se hace referencia a la máquina, los programas y el personal interrelacionados; al hablar de aplicación se hace referencia a unos o varios programas informáticos.

3.1. Tipos de documentación

Se puede hablar de dos tipos de documentación: una interna, que se lleva a cabo conforme se va escribiendo el código o se va desarrollando la aplicación, que suele ser en forma de comentario dentro del código o como archivos de la aplicación; y otra externa, que es la que se entrega en cuadernos, libros o soporte electrónico totalmente fuera de la aplicación, y que como se ha comentado son la guía técnica, la guía de uso y la guía de instalación.

3.2. Guía técnica

La guía técnica proporciona información sobre el diseño del proyecto, la codificación de la aplicación y las pruebas que se realizan. Su función principal es facilitar el desarrollo, mantenimiento y corrección en un futuro de la aplicación.

Esta guía está compuesta por:

- **Cuaderno de carga:** donde se refleja la solución o diseño de la aplicación, basándose en las necesidades del cliente y del análisis de los propios analistas. Está destinado a los programadores y debe estructurarse de manera que se pueda dividir el trabajo.
- **Programa fuente:** es la codificación realizada por los programadores. A su vez puede contener documentación interna (líneas de comentario) para su posterior mantenimiento y comprensión.

- **Pruebas:** documento donde se reflejan las pruebas realizadas y los resultados obtenidos.

3.3. Guía de uso

También llamado manual del usuario, que contiene la información necesaria para la correcta utilización de la aplicación o sistema.

Normalmente contienen los pasos a realizar por el usuario para las distintas opciones de la aplicación y también captura de pantallas de la aplicación para facilitar el uso de la misma.

3.4. Guía de instalación

Contiene la información para la correcta instalación y ejecución del sistema o aplicación informática. En este documento se incluyen las instrucciones para la puesta en marcha, requerimientos *hardware* y *software* y normas de uso.

Dentro de las normas de uso se incluyen también las normas de seguridad tanto físicas (incendio, inundaciones, etc.) como referentes al acceso de la información (leyes de protección de datos y aplicación).

4. Resumen

En este capítulo se ha visto un resumen de lo que es el tratamiento de información con las principales herramientas que hoy en día más se demandan en todos los puestos de trabajo.

Con los procesadores de texto se puede conseguir destacar los escritos y hacerlos más llamativos, ayudando al lector a que encuentre la información que necesite.

Con las hojas de cálculo se pueden mantener actualizados los informes, evitando la necesidad de recalcular cada vez que se introduzca un nuevo cambio de última hora.

Con las presentaciones se apoya la información haciéndola más entretenida para el oyente en las reuniones.

Por último, se ha hablado de la necesidad de crear la documentación para que el trabajo se pueda mantener y hacer participe de ella a los usuarios, que serán los que al final más trabajen con ella, así como también a los desarrolladores de las aplicaciones.

Ejercicios de repaso y autoevaluación

1. **Los pasos a realizar para guardar un documento por primera vez en *Word 2021* son:**

    a. Vaya a botón de Inicio → Archivo → Guardar y elegir nombre.
    b. Vaya a botón de Archivo → Guardar → Guardar como...
    c. Vaya a menú de Archivo → Guardar como... y elegir nombre y ubicación.
    d. Vaya a botón de Inicio → Archivo → Nominar *PDF.*

2. **Complete el siguiente texto:**

La barra de _____ es aquella en la que aparece el nombre de la aplicación que se está usando y el nombre del _____ o archivo que está abierto en ese momento. En la esquina derecha de esta barra aparecen los botones de _____, Restaurar/_____ y _____.

3. **Para cambiar el espaciado interlineal a 1,5 y poner una sangría izquierda de 1 cm en un párrafo en *Word 2021* hay que seguir los pasos...**

    a. ... Insertar → Párrafo → pinchar en la esquina para mostrar el cuadro de diálogo → Seleccionar las opciones.
    b. ... Diseño de página → Párrafo → pinchar en la esquina para mostrar el cuadro de diálogo → Seleccionar las opciones.
    c. ... Inicio → Párrafo → Seleccionar las opciones.
    d. Las opciones b y c son correctas.

4. **Si se quiere cambiar el color de una fuente en verde y que el texto que se va a escribir en *Writer* esté subrayado con puntos en negrita los pasos a realizar son:**

    a. Archivo → Carácter → Fuente.
    b. Formato → Fuente → Efectos de fuente.
    c. Formato → Carácter... → Efectos tipográficos.
    d. Todas las opciones son incorrectas.

5. **Numerar los pasos que hay que seguir para que en un documento *Calc* a un rango de celdas se le cambie el formato a moneda y el tipo de fuente en tamaño 12.**

   ▌ En la barra de formato elija el tamaño 12 en el desplegable.

   ▌ En la barra de formato pulse el botón formato numérico de moneda.

   ▌ Seleccione el rango de celdas que hay que cambiar.

6. **Para añadir más hojas de trabajo tanto en *Calc* como en *Excel* los pasos a seguir son:**

   a. Formato → Fuente → Insertar.

   b. Insertar → Insertar hoja.

   c. Barra de Opciones de hojas → Pulsar símbolo +

   d. Todas las opciones son incorrectas.

7. **Relacione las siguientes funciones de la hoja de cálculo con su descripción.**

   a. Suma(A1;A2;...)

   b. Promedio(A1;A2;...)

   c. Raiz(A1)

   __ Devuelve la raíz cuadrada de un número.

   __ Suma el contenido de las celdas seleccionadas.

   __ Calcula la media aritmética de las celdas seleccionadas.

8. **Complete el siguiente texto:**

   Cuando se quiere obtener el resultado de un cálculo en una hoja de cálculo se debe utilizar una _____; obligatoriamente esta debe empezar con el símbolo _____, después se tendrá que introducir el _____, después un _____, seguido del siguiente _____.

9. **El botón de Autorrelleno en una hoja de cálculo *(Excel o Impress)* es:**

   a. Un botón que está en la barra de formato con el texto A.

   b. Un cuadrito que aparece en la esquina inferior izquierda de la celda seleccionada.

    c. Un botón que está en la barra estándar con el símbolo de una flecha.

    d. Un cuadrito que aparece en la esquina inferior derecha de la celda seleccionada.

10. **Cuando se están poniendo efectos de animación a una diapositiva en *PowerPoint* se podrán ver los efectos de dicha diapositiva con...**

    a. ... el botón Presentación.

    b. ... el botón Reproducir.

    c. ... la tecla [F5].

    d. ... la tecla [F11].

11. **Cuando se pasa de una diapositiva a otra de una forma especial, tanto en *Power-Point* como en *Impress,* a esto se le llama:**

    a. Paso de una diapositiva a otra.

    b. Anima los elementos de una diapositiva.

    c. Estilo con el que se presentan todas las diapositivas.

    __ Tema.

    __ Efecto de animación.

    __ Efecto transición.

12. **Para eliminar determinado elemento que forma parte del estilo de diapositiva que se ha elegido, ya sea en *PowerPoint* como en Impress, los pasos a dar son:**

    a. Edición -> Eliminar.

    b. Haga clic en el elemento y pulse [F5].

    c. Haga clic en el elemento y pulse [Supr].

    d. Todas las opciones son incorrectas.

13. **Para cambiar el orden de entrada de un elemento en la diapositiva se debe...**

    a. ... eliminar el efecto del primero y dárselo después al otro.

    b. ... arrastrar con el ratón.

    c. ... eliminar todos los efectos y darlos en el orden adecuado.

    d. ... reiniciar el programa.

14. Señale cuál de las siguientes afirmaciones es verdadera o falsa.

a. El cuaderno de carga, los requerimientos y las pruebas forman parte de la guía técnica.

☐ Verdadero
☐ Falso

b. Dentro del documento de guía de instalación se incluyen también las normas de seguridad.

☐ Verdadero
☐ Falso

15. ¿Cuál es el documento que tiene la información necesaria para utilizar el sistema o aplicación de forma adecuada?

a. Guía de instalación.
b. Guía de uso o manual de usuario.
c. Guía técnica.
d. Guía de *software.*

Formatos de documento estándar. Estructura de la información y metadatos en los documentos

Contenido

1. Introducción

Hoy en día es tal la cantidad de documentos de distinto tipo que se generan, así como el gran número de programas que existen para realizar una misma función (distintos procesadores de texto, hojas de cálculo, etc.), que se hace necesario establecer algunos tipos de documentos como patrones, para así poder utilizarlos en distintos programas o aplicaciones, es decir, como estándar con una serie de características técnicas o formatos.

Al llegar a este punto hay que hablar también de los formatos abiertos cuyas especificaciones se encuentran disponibles y son de uso libre.

Por tanto, se puede decir que un "formato de documento estándar" es aquel que especifica una serie de características técnicas que se establecen como modelo y que son abiertos, es decir, que su uso es público y, por consiguiente, no necesita licencia de uso.

La gran cantidad de información que se maneja hoy en día no solo ha hecho necesario el establecimiento de estándares para el intercambio de información, sino que también es muy importante establecer una serie de especificaciones para poder clasificar e identificar de manera correcta toda esta información que se maneja, ya sean documentos de oficina, archivos de imagen, documentos en Internet, etc. Por ello, se abordará en este capítulo la estructura de la información y los metadatos en los documentos para facilitar la clasificación de los mismos.

2. Formatos de documentos estándar y abierto

En este apartado se van a estudiar los formatos de documentos estándar PDF *(Portable Document Format)*, de Adobe Systems, y ODF *(Open Document Format)*, de OASIS. Ambos tipos de documentos han sido ratificados por la Organización Internacional de Normalización (ISO).

Importante

ISO tiene como función principal la de buscar la estandarización de normas de productos y seguridad para las empresas u organizaciones (públicas o privadas) a nivel internacional.

2.1. Documento estándar abierto *PDF*

El documento PDF es un formato de almacenamiento de documentos digitales independiente del sistema *software* o del *hardware* que se utilice. Este formato es de tipo compuesto (imagen vectorial, mapa de bits y texto). Desarrollado por la empresa Adobe Systems, oficialmente pasa a ser estándar abierto el 1 de julio de 2008 y publicado por la Organización Internacional de Estandarización como norma ISO 32000-1 en julio de 2008, que equivale a la versión 1.7 de PDF. Actualmente, Adobe y Microsoft se han asociado para ofrecer soluciones empresariales con una experiencia moderna a clientes de todo el mundo. Combina las innovaciones de *Adobe Acrobat* con las soluciones de *Microsoft Cloud* para ofrecer una forma más ágil de trabajar.

Acrobat se integra totalmente con Microsoft 365 para que los equipos no tengan que pasar de una pantalla a otra y puedan hacer más dentro de su propio flujo de trabajo, usando herramientas como *Microsoft Word, Teams* u *Outlook.*

Sus características principales son:

- Uno de los formatos más utilizados para el intercambio de documentos ya sea por empresas, instituciones, gobiernos, etc., tanto para ser impresos como de consulta.
- Formato muy extendido, ya que es abierto y se puede crear o visualizar desde cualquier plataforma o aplicación que tenga la herramienta para su uso implementada, como, por ejemplo, en *OpenOfficce.org, LibreOffice.*

■ Por último, gracias a la norma ISO 32000-1 se da acceso a todas las funcionalidades del formato. También se garantiza la conservación y mantenimiento del documento con independencia del sistema y/o equipos con el que se trabaje. Entre sus funcionalidades destacan la capacidad de mezclar contenidos de diferentes fuentes de audio, vídeo, etc.; y el uso de la firma electrónica autentificada y mecanismos de seguridad. También incorpora las recomendaciones de accesibilidad, ya que permite cambiar el documento a otros formatos de texto, imagen e incorpora etiquetas XML.

2.2. Documento estándar abierto *ODF*

También llamado formato *OpenDocument* (ODF) o Documento Abierto para Aplicaciones Ofimáticas de OASIS *(Open Document Format for Office Applications)*. Es un formato de archivo abierto y estándar para el almacenamiento de documentos tales como textos, hojas de cálculo, presentaciones, etc. Pasó a publicarse como estándar OASIS el 1 de mayo de 2005 y más adelante por la Organización Internacional de Estandarización como norma ISO 26300:2006; ese mismo año fue adoptado como estándar IEC *(International Electrotechnical Commission)*.

Características técnicas

A continuación, se señalan las extensiones de los tipos de archivos más usuales para *OpenDocument:*

Tipo de formato	Extensión
Texto	.odt
Hoja de cálculo	.ods
Presentación	.odp
Base de datos	.odb
Gráfica	.odg
Dibujo	.odg

Otras características que son comunes con los documentos *PDF* son su portabilidad para distintas aplicaciones y plataformas, así como la adopción por parte de muchos países para su uso como documentos públicos.

Los documentos *OpenDocument* se usan tanto en aplicaciones de *software* libre como *LibreOffice, OPenOffice.org, Google Docs,* como en *software* propietario como *Microsoft Office 2019 y 2021, WordPad* a partir de *Windows 11.*

 Recuerde

Los archivos *OpenDocument* en su formato interno son archivos comprimidos ZIP que contienen varios archivos, como son: content.xml, meta.xml, mimetype, etc.; y directorios como META-INF/, Pictures/, etc.; diferenciando entre el contenido, la disposición de este en el documento y los metadatos.

Ventajas de utilizar documentos estándar

Tanto si se utilizan Documentos *PDF* como si usan *ODF* las ventajas son varias: utilizando documentos estándares abiertos se asegura en cierto modo el acceso futuro a la información ya que no están sujetos a condiciones de los fabricantes ni de las tecnologías, así como la interoperabilidad, ya que los documentos no requieren un *software* específico. Otra ventaja es la portabilidad de los documentos para ser convertidos en otros formatos y su fiabilidad tanto en la creación como en su almacenamiento, ya que son documentos que no se pueden modificar. Se puede decir también que debido a ser estándares abiertos no generan dependencia por parte de los distintos usuarios, ya que cada uno es libre de utilizar la aplicación que quiera para consultarlo, siempre que sea compatible con los documentos tanto si es *ODF* como si es *PDF.*

2.3. Creación de documentos PDF en *Microsoft Office 2021* y *LibreOffice 24.2*

Como ya se ha visto, estas dos aplicaciones presentan la opción de poder guardar los documentos que se hayan creado con el formato estándar *PDF*. A continuación, se describe cómo hacerlo:

- Tanto para *Word* como para *Excel 2021* para salvar un documento con formato *PDF*, una vez que esté creado el documento, debe ir al menú **Archivo → Guardar como...,** y en la parte inferior de la ventana en **Nombre de archivo** escribirá el nombre que desee y en la flecha desplegable de **Tipo** elegirá el tipo *PDF* (*.pdf).

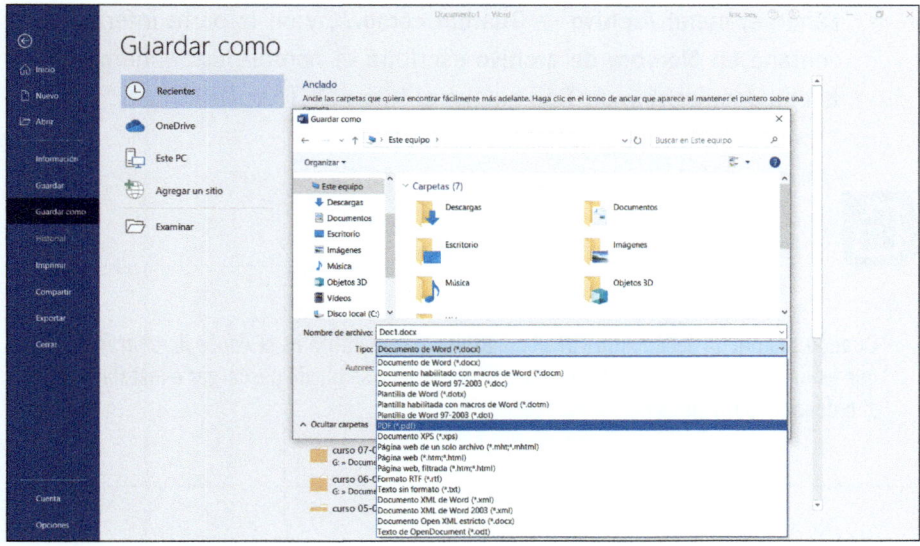

Guardar documento en Word 2021 como PDF

- Para la aplicación de *LibreOffice 24.2* resulta más fácil ya que existe un botón en la barra estándar que proporciona la opción de guardar directamente en formato *PDF*, como se muestra en la siguiente imagen:

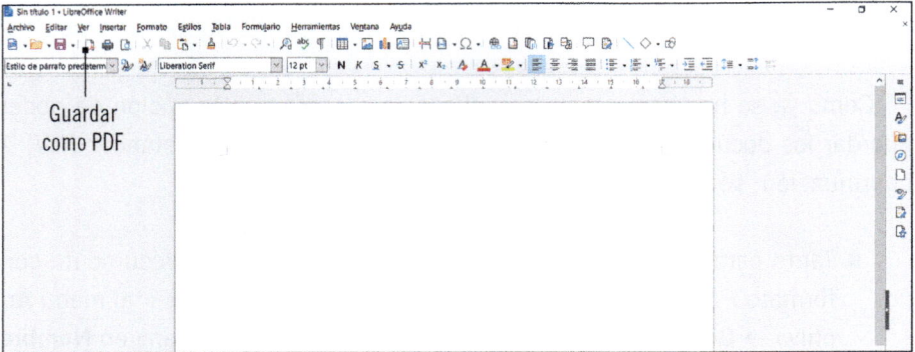

Guardar documento en Writer como PDF

- En *Writer* también puede guardar el documento como tipo *PDF* utilizando el menú **Archivo → Guardar como...,** y en la parte inferior de la ventana en **Nombre de archivo** escribirá el nombre del fichero y en la flecha desplegable de **Tipo** elegirá el tipo *PDF* (*.pdf).

Nota

Cuando se abre un documento PDF el programa que se utiliza es el *Adobe Acrobat Reader,* que es una aplicación de *software* libre. Si no se tiene se puede descargar e instalarse en el ordenador para su uso.

Actividades

1. Abra un documento en Word o en Writer, copie el texto que aparece más abajo y después guarde el documento como PDF con el nombre "Actividad-1-Cap-2".

Continúa en página siguiente >>

<< Viene de página anterior

A los amigos
como a los dientes,
los vamos perdiendo con los años,
no siempre sin dolor.

Santiago Ramón y Cajal.

3. Estructura de la información y metadatos en los documentos

Cuando en informática se habla de documentos se hace referencia a archivos que pueden ser de texto, de imágenes o de sonido, y la estructura de la información en ellos no solo se compone de datos, es decir el texto que se ha escrito o la imagen que se ha creado, sino que también lleva una serie de información sobre el propio archivo que puede estar como etiquetas o metadatos.

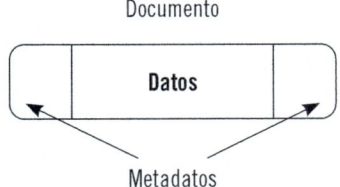

Se hace casi imprescindible el uso de metadatos debido a la gran cantidad de información que se maneja actualmente, sobre todo en Internet. Los metadatos se usan normalmente para recuperar información más fácilmente, clasificar y catalogar la información que se está manejando, así como para facilitar la información sobre la propiedad de los documentos, fecha de creación, modificaciones, etc.

 Definición

Metadato

Información o datos relativos a los propios datos de un documento o archivo. Son datos acerca de datos, de cualquier tipo y medio.

Se puede decir también que los metadatos son información estructurada sobre los datos de un archivo o documento, que sirven para gestionar, encontrar y preservar información en el tiempo.

3.1. Conceptos Generales

Tradicionalmente lo que se hacía para estructurar la información era crear un conjunto de fichas (en papel) donde estaba la información más relevante para compartir y encontrar otros datos de forma rápida.

Un ejemplo es el de las bibliotecas. Las fichas incluyen los datos del autor de un libro, título del libro, fecha de edición, editorial, etc., de esta forma se accede a la información final, el libro en sí, ayudado por las fichas, que serían los "metadatos". Esta información era creada de forma manual y casi siempre era posterior a la elaboración del documento en sí, el libro en este caso.

Necesidades de la estructura de la información

Las necesidades que surgen a raíz de la expansión de Internet, las páginas web, archivos digitales y la gran cantidad de ellos son:

- Utilizar normativas comunes a la hora de estructurar la información y crear los metadatos.
- Realizar búsquedas eficientes con ayuda de los metadatos.
- Compartir información.
- Evitar pérdidas de información.

En la actualidad, este proceso de estructuración de la información y creación de los metadatos se lleva a cabo antes, durante y después de la creación de un documento o archivo:

- Durante la creación de un documento HTML, con etiquetas <META>.
- Antes de la creación de un documento con archivos XML.
- Al finalizar un documento o archivo y guardarlo gracias al *software* especializado. Como ejemplo, cuando se hace una foto digital se guarda información sobre la cámara que hace la foto, fecha, hora, resolución, etc.

El HTML, o lenguaje de marcado hipertextual *(HiperText Markup Language),* es un lenguaje de marcado para la elaboración de páginas web. Es un estándar a cargo de W3C *(World Wide Web Consortium),* organización dedicada a la estandarización de recursos ligados a la web.

El XML, o lenguaje de marcas extensibles *(eXtensible Markup Language),* es un lenguaje de marcado para definir datos; está a cargo de W3C y es muy útil cuando varias aplicaciones se deben comunicar entre sí.

Funciones de los metadatos

Las funciones principales que deben proporcionar los metadatos son:

- Proporcionar facilidad de acceso a la información. Palabras claves para la búsqueda de determinada información.
- Suministrar información sobre la propiedad de la información, gestión de los derechos y control de acceso.
- Proporcionan también información sobre el contenido y estructura del objeto.
- Codificar esa información de manera adecuada.

3.2. Objetivos de los metadatos

El uso de los metadatos está estrechamente relacionado con las consultas y los motores de búsqueda en Internet, pero como ya se ha visto en las funciones no solo se limitan a esto ya que proporcionan información sobre otros aspectos y sobre cualquier tipo de objeto de información, como pueden ser archivos de video, fotos, texto, páginas de Internet, etc.

Los metadatos también pueden proporcionar información a colecciones de objetos, por ejemplo las bibliotecas, un solo objeto o archivo, por ejemplo un CD, o un solo elemento como puede ser una canción dentro de un CD.

Por lo tanto, aunque uno de los objetivos principales es facilitar las consultas en Internet, también favorecen el flujo de trabajo entre distintos usuarios, pues ofrecen información sobre los permisos de ficheros, uso, control de versiones, etc.

Los metadatos son utilizados también en representación del conocimiento, pues proporcionan información de cómo están relacionados los distintos datos y crean categorías sobre la información. También se utilizan en inteligencia artificial para deducir conclusiones.

3.3. Tipos de metadatos. Clasificación

La clasificación de los metadatos va a depender del criterio que se tenga a la hora de ver los tipos. Así pues si se tienen en cuenta criterios sobre el dominio de los metadatos o semánticos esta clasificación varía. A continuación, se detallan los principales criterios y los tipos de metadatos que lo componen.

Atendiendo a su función:

- Descriptivos: son aquellos que proporcionan toda la información pertinente para la identificación de los recursos. Son metadatos que describen. Se pueden implementar con HTML o con el estándar *Dublin Core*. Facilitan la búsqueda y comprensión de la información.
- Administrativos: se enfocan en la gestión de los recursos. Se implementan con MOA2 (Elementos de Metadatos Administrativos). Se subdividen en los siguientes tipos:

    ▪ Técnicos: pueden decodificar archivos.

    ▪ De derechos: introducen la información correspondiente a los derechos de autor y origen de los documentos.

    ▪ De preservación: posibilitan una gestión eficiente y a largo plazo de los archivos que los contienen.

▪ Estructurales: brindan información sobre la estructura de los documentos facilitando así el establecimiento de relaciones y vínculos con otros. Se implementan con archivos SGML, XML y RDF.

Atendiendo a su variabilidad:

▪ Inmutables: estos metadatos no difieren, sin importar qué parte del recurso sea visible o no.

▪ Mutables: cambian dependiendo de su ubicación o visibilidad del recurso.

Metatags de HTML:

▪ Metadatos generales: se introducen para proporcionar información relativa al documento HTML como pueden ser *Author, Description, Keywords* o *revised*.

▪ Metadatos HTTP: pueden modificar algunas de las cabeceras HTTP, como son *Refresh, Cookie* o *Content-Type*.

Por último, existen otras clasificaciones como son:

▪ Según el momento de creación:

    ▪ Automáticos
    ▪ Semiautomáticos
    ▪ Manuales

▪ Según el dominio

    ▪ Para describir recursos de Web
    ▪ Archivísticos

- Museísticos
- Cartográficos
- Descripciones de catálogos en bibliotecas

 **Nota**

El SGML o estándar de lenguaje de marcado generalizado *(Standard Generalized Markup Language),* es un lenguaje para organizar y etiquetar un documento, estandarizado por la norma ISO 8879:1986.

3.4. Aplicación práctica

A continuación, generará un nuevo documento .html, comprobando los metadatos incluidos en él.

Solución

Pasos:

1. Para ello cree un nuevo documento en *Writer,* como se vio anteriormente, y guárdelo con el tipo: **Documento HTML.**

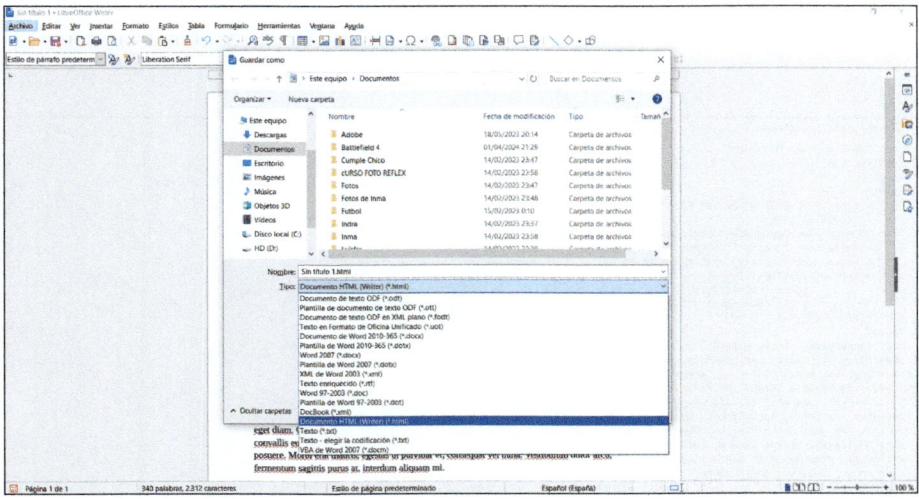

2. Una vez guardado el documento ábralo con el *Bloc de notas.* Para ello vaya al explorador de *Windows* y haga clic con el botón derecho y seleccione en el menú contextual (si no aparece la opción deberá buscarla en **Elegir programa...).**

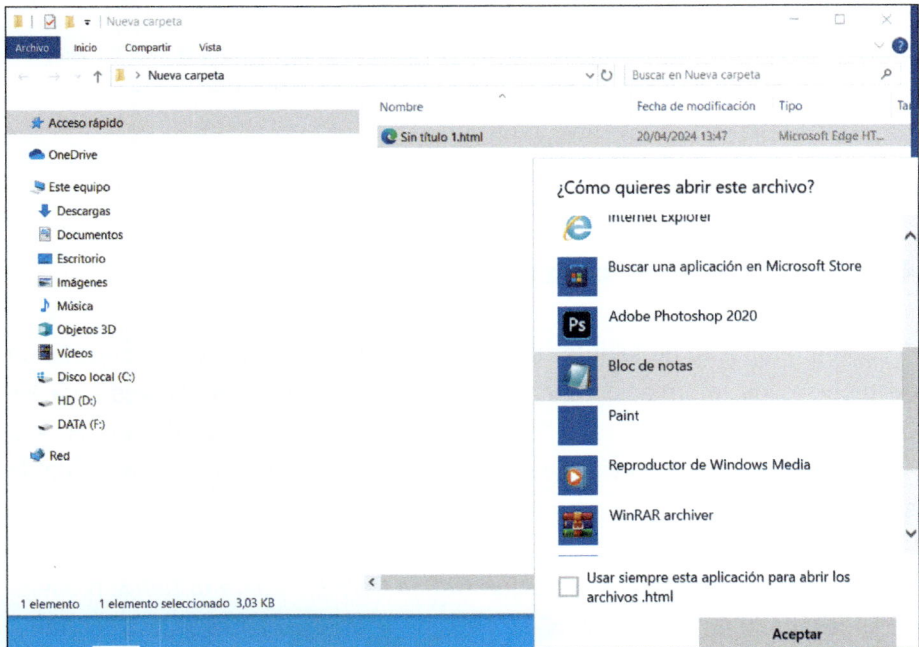

3. Debería tener un aspecto parecido a este con las etiquetas.

```
Sin título 1.html: Bloc de notas                                              —  □  ×
Archivo  Edición  Formato  Ver  Ayuda
<!DOCTYPE html>
<html>
<head>
        <meta http-equiv="content-type" content="text/html; charset=utf-8"/>
        <title></title>
        <meta name="generator" content="LibreOffice 24.2.1.2 (Windows)"/>
        <meta name="created" content="2024-04-20T13:44:33.123000000"/>
        <meta name="changed" content="2024-04-20T13:47:34.089000000"/>
        <style type="text/css">
                @page { size: 21cm 29.7cm; margin: 2cm }
                p { line-height: 115%; margin-bottom: 0.25cm; background: transparent }
        </style>
</head>
<body lang="es-ES" link="#000080" vlink="#800000" dir="ltr"><p style="border: none; padding: 0cm">
Lorem ipsum dolor sit amet, consectetur adipiscing elit. Mauris vitae
risus pretium, cursus dolor ut, semper enim. Maecenas quis urna eros.
Vivamus sed posuere turpis, at efficitur enim. Nulla felis augue,
tincidunt sit amet elit id, ullamcorper bibendum felis. Quisque
imperdiet vel tellus nec euismod. Cras consequat venenatis porta.
Maecenas sit amet nulla finibus, consequat massa quis, hendrerit
magna. Nulla vel dictum libero, mattis posuere mauris. Fusce in risus
vestibulum, gravida felis eget, tincidunt nulla. Nulla lobortis enim
in ex ornare sodales. Donec elementum libero nunc, sit amet finibus
nisi rutrum non. Aliquam nec justo luctus, laoreet elit id, interdum
magna. Suspendisse ut hendrerit ex. Nunc non tellus id velit finibus
pulvinar. Suspendisse placerat pharetra ornare.</p>
<p style="border: none; padding: 0cm">Ut dui enim, condimentum in
purus id, egestas eleifend neque. Integer convallis justo ut ante
convallis aliquam. Lorem ipsum dolor sit amet, consectetur adipiscing
```
                                          Línea 1, columna 1   100%   Windows (CRLF)   UTF-8

Recuerde

Tanto HTML como XML son lenguajes herederos de SGML. HTML presenta la información y XML representa e intercambia datos de forma independiente a su presentación.

4. Estandarización de metadatos

Con el propósito de facilitar la descripción de metadatos y la recuperación de recursos de información surge la necesidad de crear estándares para los metadatos ya que son varios los lenguajes para implementarlos (SGML, HTML, XML, etc.) y como se ha visto pueden ser muchos y variados dependiendo de sus funciones.

Con este propósito la organización *Dublín Core Metadata Initiative* promueve el desarrollo de unas normas para los metadatos en 1995, que a continuación se detallan.

4.1. *Dublin Core*

Dublin Core es un modelo de metadatos, es decir, es un conjunto de descriptores para los metadatos y hoy en día es uno de los más extendidos. Está estandarizado por la norma ISO 15836:2003 y la norma NISO Z39.85-2007.

Descripción de los elementos de *Dublin Core*

El conjunto de elementos de *Dublín Core* corresponde a un sistema de quince descriptores semánticos que no son obligatorios, pueden aparecer en cualquier orden y se pueden repetir.

Los elementos se pueden clasificar en tres grupos, que son:

- Sobre el contenido del recurso.
- Sobre la propiedad intelectual del recurso.
- Sobre la instancia del recurso.

A continuación, se detallan las etiquetas que aparecen y la información que proporcionan para cada uno de los grupos.

Sobre el contenido

Etiqueta	Información
DC.Title	Título. Nombre del recurso.
DC.Subject	Materia y palabra clave. El tema del contenido.
DC.Description	Descripción del contenido. Puede incluir un resumen, una tabla de contenidos, etc.
DC.Source	Fuente. Referencia al recurso del que deriva este.
DC.Language	Lengua. El idioma del contenido del recurso.
DC.Relation	Relación. Referencia a un recurso relacionado con el contenido.
DC.Coverage	Cobertura. Ámbito del contenido. Puede ser una especificación geográfica, temporal o legal.

Sobre la propiedad intelectual

Etiqueta	Información
DC.Creator	Autor. Responsable de la propiedad del contenido. Puede ser una persona, una entidad, etc.
DC.Publisher	Editor. Responsable de que el recurso esté disponible.
DC.Contributor	Colaborador. Responsable de hacer colaboraciones en el recurso.
DC.Rights	Derechos. Información sobre los derechos de la propiedad intelectual.

Sobre la instancia

Etiqueta	Información
DC.Date	Fecha. Fecha asociada a la creación o modificación. Suele ser la notación: AAAA-MM-DD.
DC.Format	Formato. Descripción física del recurso.
DC.Type	El tipo o categoría del contenido. Palabras clave para definir las categorías de un recurso.
DC.Identifier	Identificación. Referencia única para el contenido del recurso, como el ISBN o una URL.

Actividades

2. Busque en Internet información sobre las etiquetas HTML para describir metadatos, las más comunes y utilizadas.

5. Aplicación RSS

RSS *(Real Simple Syndication)* es un formato de archivo para distribuir un conjunto de titulares publicados en páginas web, basados en XML y RDF *(Resorce Description Framework),* que es un lenguaje para especificar metadatos.

Recibir noticias RSS es una de las aplicaciones de la estructuración de la información y de los metadatos que más se está extendiendo hoy en día, ya que presenta grandes ventajas, pues el usuario suscrito no tiene que navegar por todas las páginas para ver las noticias ya que les llegan a través del canal RSS y luego solo tendrá que visitar las páginas que realmente le interesen, ahorrando mucho tiempo.

Para ello se necesita un lector RSS y tener disponible el servicio RSS. También es necesario que las noticias estén publicadas en canales RSS para poder recibirlas.

5.1. Conceptos relacionados con RSS

Para recibir noticias RSS en un ordenador son necesarias dos cosas: tener configurado un lector RSS, que no es más que un programa que permite leer las noticias RSS; y después darse de alta en las noticias RSS de las páginas que interesen y que estén disponibles como tal.

Los canales RSS son el medio o la forma para distribuir las noticias RSS, también se les llama fuentes RSS o con el término anglosajón **Feed.**

5.2. Tipos de lectores RSS

Los lectores de fuentes RSS o *feeds* RSS, pueden ser aplicaciones instaladas en nuestro dispositivo, tales como *Feedly,* una de las más usadas actualmente, *Inoreader,* o *NewsBlur.* También pueden ser lectores *online* como *FeedreaderOnline* o *FeedSpot.* También se puede usar *Feedly* en su versión web.

También se pueden recibir las noticias RSS a través de los navegadores, siempre que la versión lo incluya, como *Internet Explorer* o *Mozilla Firefox,* y por el correo electrónico, como *Outlook Express* o *Mozilla Thunderbird.*

 **Actividades**

3. Busque información en internet sobre el lector RSS Google Reader y Netvibes.

6. Resumen

Se ha podido constatar a lo largo de este capítulo las necesidades que existen hoy en día de crear estándares, tanto en documentos para su intercambio de manera eficiente como para estructurar la información de manera adecuada y facilitar así su manejo y recuperación en Internet.

Se ha visto pues los documentos estándares más extendidos hoy en día en cuanto a ofimática se refiere, como son los documentos con formato *PDF,* que proporcionan gran fiabilidad e interoperabilidad, y los documentos *OpenDocument.*

Por otro lado, queda constancia de la necesidad de estructurar la información para poder manejarla, ya sea para la recuperación de datos a través de Internet, ya que sin la estructura de esa información no sería posible, como para tener constancia de las distintas relaciones entre toda esa información. Surgen así los metadatos.

Actualmente, uno de los servicios más usados en Internet es el RSS, ya que permite recibir la información actualizada sobre noticias o temas a los que se hayan suscrito los interesados sin necesidad de ir a buscarla.

Ejercicios de repaso y autoevaluación

1. ¿Cómo se crea un documento *PDF* en *Word 2021?*

    a. Archivo → Guardar como ... →PDF.
    b. Archivo → Guardar → PDF.
    c. Botón [PDF].
    d. Archivo → Guardar como ... → en Tipo elegir: PDF (*.PDF).

2. **Enumere las ventajas principales de usar un documento estándar ya sea PDF u ODF frente a otros documentos que no lo son.**

    _____
    _____
    _____
    _____

3. **Complete el siguiente texto:**

    Los _____ son datos sobre los propios datos. Los metadatos son utilizados sobre todo para _____, _____ y _____ información en el tiempo.

4. **Indique cuándo se lleva a cabo la implementación del metadato:**

    a. Etiquetas <META>.
    b. Datos sobre la fecha de creación, tamaño del archivo.
    c. Relación con otros elementos de información, Foto A incluida en Documento B.

    __ Al finalizar el documento con *software* específico.
    __ Antes de crear el documento.
    __ Durante la creación del documento HTML.

5. **Para utilizar la aplicación RSS es necesario...**

    a. ... instalar el canal RSS.
    b. ... suscribirte a las noticias RSS y configurar una fuente RSS.
    c. ... configurar un agregador o lector RSS y suscribirse a las noticias RSS
       que se deseen.
    d. ... tener un ordenador de gran potencia.

6. **¿Cuál de las siguientes afirmaciones es correcta sobre las etiquetas Dublin Core?**

    a. DC.Type informa sobre tipo de documento.
    b. DC.Title informa sobre el autor.
    c. DC.Rights informa sobre las palabras clave.
    d. DC.Date informa sobre la fecha de creación.

7. **En Dublin Core hay una serie de descriptores; ¿en qué categorías se agrupan?**

    a. Recursos, propiedad y estructura.
    b. Contenido, instancia y propiedad intelectual.
    c. Relación, instancia y estructura.
    d. Estructura y gestión.

8. **Sopa de letras. Encuentre seis términos relacionados con el capítulo:**

R	A	D	N	A	T	S	E
A	L	M	G	A	D	F	L
S	M	H	T	M	L	M	N
F	G	G	L	F	X	E	A
D	S	E	W	B	A	B	V
O	T	A	D	A	T	E	M

9. Relacione las normas ISO con el tipo de documento o aplicación que corresponda:

    a. ODF.
    b. PDF.
    c. SGML.
    d. Dublin Core.

    __ ISO 8879: 1986.
    __ ISO 32000-1: 2008.
    __ ISO 26300: 2006.
    __ ISO15836: 2003.

10. ¿Cuál de las siguientes afirmaciones es correcta según el criterio de clasificación y el tipo de metadatos?

    a. En los metadatos de tipo "automáticos" el criterio de clasificación es por creación.
    b. En los metadatos de tipo "museísticos" el criterio de clasificación es por almacenamiento.
    c. En los metadatos de tipo "dinámicos" el criterio de clasificación es de dominio.
    d. En los metadatos de tipo "externos" el criterio de clasificación es de variabilidad.

11. Complete el siguiente texto:

Los principales objetivos de los metadatos son _____ las consultas en _____ y ofrecer información sobre el _____ de trabajo entre los distintos _____.

12. Según la función de los metadatos y la información que proporcionan, complete el siguiente texto:

La fecha de creación y _____ del documento es un metadato de tipo _____. Si los metadatos informan de _____ clave sobre parques naturales es de tipo _____.

13. ¿Cuál de estas definiciones es la correcta para el archivo SGML?

    a. System Grammar Metadata Language.
    b. Standard Grammar Metadata Language.
    c. Standard Generalized Markup Language.
    d. Standard Generalized Metadata Language.

14. Las ventajas de utilizar la aplicación RSS son:

    a. No se necesita visitar todas las páginas de las que se reciben los titulares.
    b. No se necesita instalar ningún programa ni suscribirse a ninguna página.
    c. Es un servicio barato.
    d. Todas las opciones son incorrectas.

15. Para crear un documento PDF en Writer de *LibreOffice 24.2* se debe...

    a. ... utilizar el botón PDF que está en la barra de menú.
    b. ... ir al menú Archivo → Guardar y en Tipo elegir PDF.
    c. ... usar el botón PDF de la barra estándar o ir al menú Archivo → Guardar como ... y en Tipo elegir PDF.
    d. Las opciones a y b son correctas.

Capítulo 3

El Wiki como herramienta de escritura colaborativa

Contenido

1. Introducción

Uno de los pilares básicos de la sociedad hoy en día es el uso de las nuevas tecnologías para las comunicaciones y la información, a las que comúnmente se llaman TIC (tecnologías de la información y la comunicación).

Parte importante de las comunicaciones y de la información tiene que ver con Internet ya que hoy en día es casi imprescindible su uso.

Ya sea para buscar información, enviar documentos y recibirlos, establecer comunicación verbal, ver archivos multimedia a través de los portales de televisión, juegos, etc., se necesita una conexión a Internet.

En este capítulo se verá cómo surgió Internet, cómo se intercambia la información entre los ordenadores, los servicios que presta hoy en día, navegadores que se pueden usar, etc.

Así mismo, se estudiará cómo utilizar los Wikis, qué son y para qué sirven, pues su uso se está extendiendo rápidamente en muchos campos ya sea como diccionario enciclopédico, guías de viajes, noticias, para datos geográficos, etc.

Uno de los Wikis más conocidos es Wikipedia, siendo importante aprender cómo colaborar y editar en esta Wiki siguiendo unos pasos, ya que una de sus funciones principales es que los usuarios puedan colaborar en su creación.

2. Uso de Internet

A principios de los años 60 surgió la necesidad de conectar distintos ordenadores entre sí para intercambiar información. Esta idea parte de investigadores, profesores y estudiantes de distintas universidades de Estados Unidos. La idea es que se intercambie información entre ordenadores distintos a través de paquetes de información por la red telefónica conmutada. Así, en 1965, Lawrence Roberts conecta por primera vez dos ordenadores, uno en Massachussets y otro en California, a través de la línea telefónica conmutada. Surge de este modo la primera comunicación de ordenadores aunque muy básica.

No solo la idea era intercambiar información entre ordenadores, sino también tener distribuida la información.

Más tarde, en 1969, se crea la primera red de ordenadores interconectados entre dos universidades, UCLA y Stanford, basada en los estudios del año 1959 de la agencia DARPA *(Defense Advanced Research Projects Agency)* y la red ARPANet.

En 1973 se inicia un programa de investigación auspiciado por DARPA que desemboca en el desarrollo de unos protocolos de comunicaciones para el intercambio de información entre los ordenadores, protocolos TCP e IP, que dan nombre hoy en día al conjunto de protocolos para Internet.

Se puede definir Internet, del acrónimo *INTERconected NETworks,* como un conjunto de redes interconectadas entre sí, pues no solo conecta ordenadores sino también otras redes; así se dice que es la "red de redes", conectados entre sí por un conjunto de protocolos de comunicaciones TCP/IP (Protocolo de Control de Transmisión/Protocolo de Internet).

 Nota

Los protocolos basados en TCP/IP en la actualidad son más de 100, entre ellos están HTTP, SMTP, etc.

Todo ordenador conectado por el protocolo TCP/IP necesita lo que se llama una dirección IP, que no es más que una secuencia numérica de cuatro números (de 0 a 255) separados por puntos. Esta secuencia debe ser única para identificar al ordenador y poder establecer así la comunicación reconociéndose entre sí. Hay direcciones IP públicas a nivel de Internet, no se pueden repetir, y otras privadas dentro de las redes internas de cada empresa, que pueden ser repetidas por otras.

Ejemplo

173.194.41.24.; esto representaría una dirección de Internet.

Las direcciones IP de cada ordenador pueden variar ya que dependen de los proveedores de Internet, por ello hay direcciones estáticas, son siempre la misma para grandes servidores, y direcciones **dinámicas,** varían en función del tráfico y las asigna el proveedor a través de un servicio que se llama de DHCP *(Dynamic Host Configuration Protocol).*

Para conocer la IP de un ordenador se usa el comando Ipconfig /all, desde la consola de comandos. Para abrir la consola hay que situarse en el buscador de Windows y escribir "cmd". De esta forma aparecerá la consola de Windows.

Mostrará toda la información de la red a la que se esté conectado, servidores, dirección IP en la red, puerta de enlace, etc.

Si se quiere saber la IP en Internet se podrá hacer buscando en Internet una de las múltiples páginas que la dan, como por ejemplo: <http://www.vermiip.es/>.

Uno de los servicios más importantes y extendidos de Internet es *Word Wide Web* (WWW, la web), que consulta archivos de hipertexto usando el protocolo HTTP *(Hyper Text Transfer Protocol);* algunas veces se confunde Internet con la web.

Pero en Internet existen otros servicios, como son:

- El envío de correo con SMTP *(Simple Mail Transfer Protocol)* y POP *(Post Office Protocol).*
- Para transferencia de ficheros el FTP *(File Transfer Protocol)* y P2P *(Peer to Peer).*
- Para acceder a equipos remotos TELNET y SSH.
- Para resolución de direcciones ARP *(Address Resolution Protocol).*

- Conversaciones en línea IRC *(Internet Relay Chat)*.
- Telefonía VoIP (Voz sobre IP).
- Boletines electrónicos NNTP.
- Juegos en línea.

2.1. Aplicación práctica

Averigüe la dirección IP en la red que se ocupa y en la salida a internet.

Solución

Pasos:

1. Vaya al buscador de Windows → Escriba "cmd" → Pulse **Enter.**

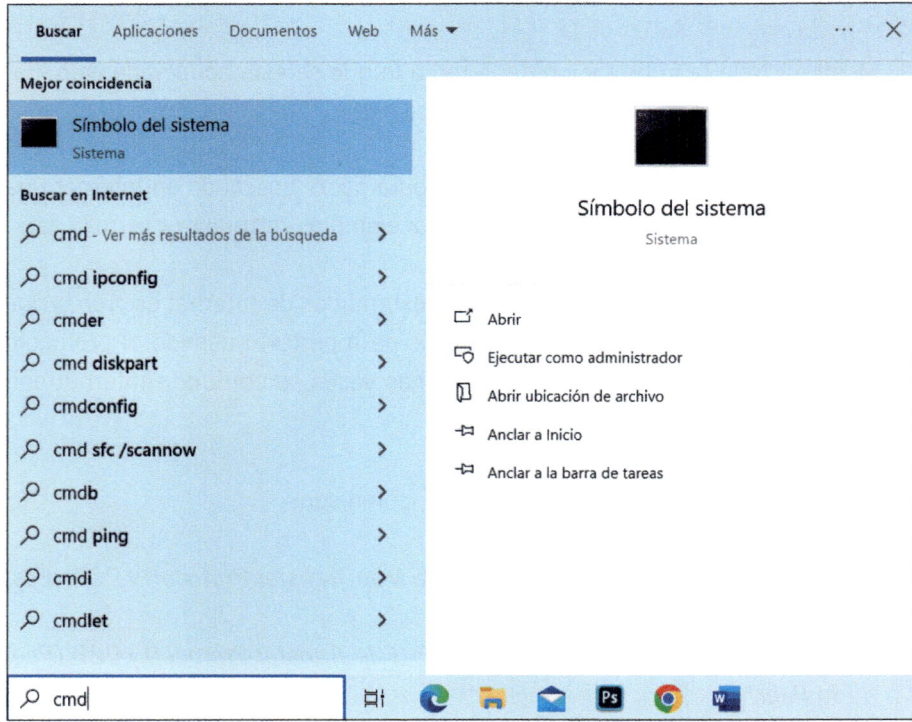

2. Una vez abierta la ventana teclee: Ipconfig /all

```
Símbolo del sistema                                          —    □    ×

Microsoft Windows [Versión 10.0.19045.4291]
(c) Microsoft Corporation. Todos los derechos reservados.

C:\Users\Luis>ipconfig /all_
```

3. Obtendrá la IP de la red.

```
Símbolo del sistema                                          —    □    ×

   Estado de los medios. . . . . . . . . . : medios desconectados
   Sufijo DNS específico para la conexión. . :
   Descripción . . . . . . . . . . . . . . : Microsoft Wi-Fi Direct Virtual Adapter #2
   Dirección física. . . . . . . . . . . . : A6-02-B9-69-54-4C
   DHCP habilitado . . . . . . . . . . . . : sí
   Configuración automática habilitada . . . : sí

Adaptador de LAN inalámbrica Wi-Fi:

   Sufijo DNS específico para la conexión. . :
   Descripción . . . . . . . . . . . . . . : Intel(R) Dual Band Wireless-AC 7265
   Dirección física. . . . . . . . . . . . : A4-02-B9-69-54-4C
   DHCP habilitado . . . . . . . . . . . . : sí
   Configuración automática habilitada . . . : sí
   Vínculo: dirección IPv6 local. . . : fe80::85:dabf:f888:2923%14(Preferido)
   Dirección IPv4. . . . . . . . . . . . . : 192.168.1.134(Preferido)
   Máscara de subred . . . . . . . . . . . : 255.255.255.0
   Concesión obtenida. . . . . . . . . . . : sábado, 20 de abril de 2024 12:52:32
   La concesión expira . . . . . . . . . . : domingo, 21 de abril de 2024 18:23:31
   Puerta de enlace predeterminada . . . . . : 192.168.1.1
   Servidor DHCP . . . . . . . . . . . . . : 192.168.1.1
   IAID DHCPv6 . . . . . . . . . . . . . . : 128189113
   DUID de cliente DHCPv6. . . . . . . . . : 00-01-00-01-2B-7C-1C-1F-70-8B-CD-17-4E-AB
   Servidores DNS. . . . . . . . . . . . . : 46.6.113.34
                                    212.230.135.1
   NetBIOS sobre TCP/IP. . . . . . . . . . : habilitado

C:\Users\Luis>
```

4. Para obtener la de Internet vaya al navegador y en la barra de direcciones teclee: http://www.vermiip.es/

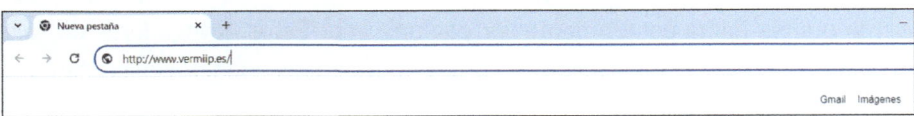

5. Esto mostrará la IP de Internet.

2.2. Conocimiento de www

En este apartado se verá el uso del servicio web de Internet, señalando distintos conceptos necesarios para entender la web.

Ya se ha comentado que HTTP es el protocolo usado por la web para la transferencia de hipertexto, que es el contenido de la página web, y también sirve para enviar información a través de formularios.

Un navegador web es un programa *software* que permite al usuario ver y recuperar documentos de hipertexto de forma legible para el usuario, es decir, lo que se llama comúnmente ver páginas web. Estos navegadores no solo permiten ver textos (hipertexto), sino que también se pueden ver contenidos multimedia.

Un buscador web, también llamado motor de búsqueda, es un sistema informático que busca en Internet archivos informáticos en servidores web. Al solicitar información sobre algún tema, mediante palabras claves, el resultado que da el buscador es un listado de direcciones web, y se elige cuál o cuáles de esas direcciones se quieren visitar.

Una URL *(Uniform Resource Locutor)* es una cadena de caracteres que sigue unos formatos y nombra un recurso en Internet de forma única, es decir, nombra una dirección única.

Dominio en Internet es una red de identificación asociada a un grupo de dispositivos o equipos conectados en Internet. Se puede decir de otra forma que es la dirección del servidor (dirección IP) donde se encuentra los datos a los que apunta el enlace de ese dominio. Para no tener que saberse la dirección IP, ya que sería muy engorroso, se cuenta con los dominios y los sistemas DNS (Sistema de Nombres de Dominio). Este sistema permite traducir los nombres de dominio en direcciones IP.

Importante

El DNS es un sistema de nomenclatura jerárquica para computadoras, servicios o cualquier recurso conectado a Internet o a una red privada.

A continuación, se expondrá cómo está compuesta una URL y cuál es su dominio:

- **Ejemplos de URL:** http://www.museodelprado.es/exposiciones/
- **http://:** indica el protocolo que se usa. Hay navegadores que esta parte de la URL no la incluyen, la presuponen.
- **www.museodelprado.es:** indica el nombre del servidor o *host* de esta dirección. Esta se compone de tres partes, separadas por puntos. La tercera parte, en este caso ".es", es el nombre del dominio de nivel superior, e indica que es un servicio en el país España. La parte "museodelprado. es" es el nombre del dominio.

- La última parte de esta dirección indica la ruta, en este caso es: "/exposiciones/".
- Algunas direcciones URL indican también el puerto que se utiliza para HTTP, que es normalmente el puerto 80, aunque esto está en desuso; la dirección URL sería entonces de esta forma: http://www.museodelprado.es:80/exposiciones/

Cuando se crea una página web se necesita identificarla de manera única, con un dominio único. La organización encargada de controlarlo es ICANN (Internet Corporation for Assigned Names and Numbers). Esta es una organización internacional responsable de asignar las direcciones IP y coordinar la administración de los elementos DNS (Sistemas de Nombres de Dominio), que se crea en los años 80.

El espacio del dominio de nivel superior de una dirección web se dividió en dos: el primero, que utiliza el punto y dos caracteres (ejemplo *.es), identifica el territorio siguiendo la norma ISO-3166 y se denomina ccTLD (country code Top Level Domain); el segundo espacio utiliza el punto y tres caracteres (ejemplo *.edu), que representan nombres de organizaciones y otros. Es el gTLD (generic Top Level Domain).

Ejemplos de dominios:

ccTLD	País	gTLD	Tipo organización
*.es	España	*.com	Comercial
*.eu	Países de Europa	*.gov	Gubernamental
*.de	Alemania	*.edu	Educación
*.uk	Reino Unido	*.net	Para redes
*.ar	Argentina	*.travel	Viajes
*.ru	Rusia	*.int	Internacional, ej. ONU

2.3. Navegadores

Ya se ha visto anteriormente que un navegador web es un programa *software* que permite obtener información de Internet.

 Nota

A los navegadores también se les llama *"browser"*, y en español la traducción literal sería ojeador, pero estos términos están en desuso.

Una vez que el navegador muestra un documento de Internet o página, este a su vez puede tener enlaces con otras páginas web, de modo que a esta forma de ir de un documento a otro a través de los enlaces o hipervínculos se le llama navegación, y de ahí lo de navegador. A diferencia de los buscadores, en el navegador se tiene que conocer la dirección exacta de la página web que se quiere visitar, ya que si no es así da error a la hora de mostrar la página.

El primer navegador que se utilizó fue *Mosaic,* que se extendió rápidamente ya que funcionaba tanto para el sistema operativo *UNIX* como para *Windows* y *Macintosh,* años 1992 y 1993.

En 1997 aparece el navegador *Netscape Navigator* de la compañía Netscape Communications, y desplaza al anterior debido a su velocidad más alta y que es compatible para sistemas operativos *Windows* y *UNIX.*

En 1995 había aparecido *Internet Explorer* desarrollado por *Microsoft* e incluido en el sistema operativo de Windows, que desplaza del mercado a *Netscape Navigator,* en 1999 y la empresa *Netscape Communications* libera el código naciendo así el proyecto del navegador *Mozilla,* y en el año 2002 *Mozilla Firefox.*

Por último, aparece en el año 2004 *Firefox* y *Google Chrome* en el 2008. Ambos navegadores son de código abierto y gratuitos, por ello están muy extendidos y son los dos que se van a estudiar a continuación.

Google Chrome

Una vez que está instalado este navegador aparece un icono en la barra de tareas (al lado derecho del botón de inicio), como el que se muestra en la imagen.

Icono de Google Chrome en la barra de tareas

También puede estar el icono en el escritorio y presenta el aspecto de la siguiente imagen.

*Icono de Google Chrome
en el escritorio*

Cuando se abre el navegador, la ventana que aparece presenta el aspecto siguiente:

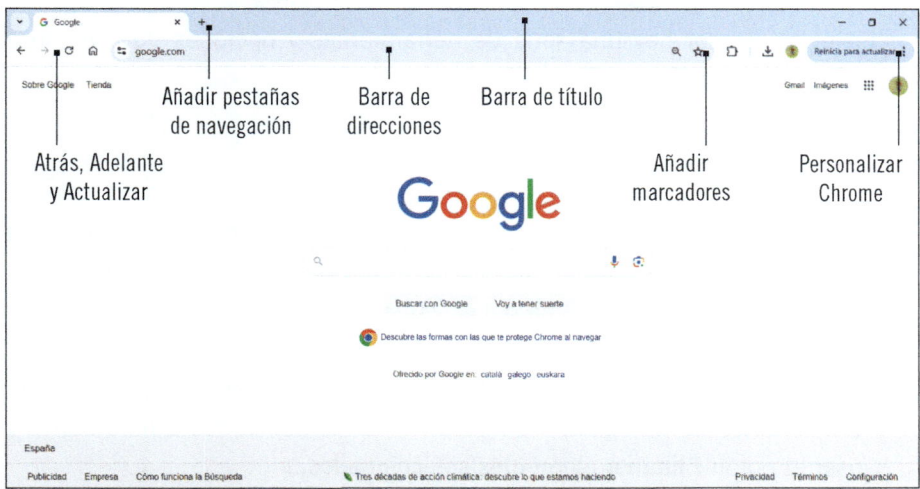

Ventana de Google

Aparecen una serie de barras con distintos botones que se explican a continuación:

- **Barra de título:** a la izquierda se ve el nombre de la página que está activa en ese momento, que en este caso es la página inicial del navegador. Se pueden abrir nuevas pestañas para ver otras páginas pulsando el botón **Añadir pestañas de navegación.** A la derecha, aparecen los botones de **Minimizar, Restaurar/Maximizar y Cerrar.**
- **Barra de direcciones:** aparecen a la izquierda los botones de **Ir hacia delante, Ir hacia atrás,** que llevan a través de las páginas que se hayan visitado, y el botón de **Actualizar,** que carga de nuevo la página activa por si se ha producido algún error. A continuación, está el **Cuadro de direcciones,** donde se puede indicar la dirección de una página web para que la muestre; en la barra también aparece el botón de **Marcadores** (icono de estrella). A la derecha, está el botón para acceder a tu cuenta de Gmail y el botón para acceder a la configuración de Chrome.

Para ir a la página de inicio se debe usar la combinación de teclas [Alt] + [Inicio].

En el navegador hay una serie de herramientas y opciones que se van a explicar a continuación.

Historial

El historial de navegación muestra las últimas páginas en las que se ha estado navegando. Para verlo pulse el botón de herramientas y la opción **Historial,** y aparecerá en una nueva ventana.

Una vez ahí puede borrar todos los datos de navegación con el botón **Borrar datos de navegación** o marcar las direcciones que quiere borrar y usar el botón **Eliminar elementos seleccionados.**

Marcadores

Cuando una página interesa visitarla con frecuencia o simplemente se quiere guardar su dirección se puede almacenar como un marcador. La forma de hacerlo es: una vez que está en la página que quiere que sea un marcador, pulse el botón de **Añadir esta pestaña a marcadores** (icono de estrella) y si el nombre que aparece para esa página como marcador parece adecuado solo debe pulsar OK, y ya quedará la dirección de la página guardada como un marcador.

Configuración

Para configurar el navegador pulse el botón de **Personaliza y controla,** y la opción **Configuración.**

Lo que más se utiliza es cambiar la página de inicio en la opción **Abrir una página específica o un conjunto de páginas** y pulsar **Establecer páginas,** donde se pone la dirección de la página inicial que interesa y en la opción **Búsqueda** se selecciona el motor de búsqueda que se quiere por defecto, el resto de opciones no se suelen cambiar.

Imprimir y Guardar

En el botón **Personaliza** y **controla** está la opción de **Imprimir** una página, al pulsarlo se abre una nueva pestaña con el asistente para imprimir la página.

Para guardar una página utilice la opción de **Guardar página como...** del botón de **Personaliza** y **controla,** y aparecerá una ventana donde se pregunta en qué ubicación se va a guardar y se especifica. También puede decidir en qué formato se guardará con la opción **Tipo** bajo el **Nombre.**

Actividades

1. Busque una página con el navegador donde aparezcan todos los países miembros de la Unión Europea.
2. Guarde esta página como un marcador.
3. Copie y guarde en un documento del procesador de texto que utilice la lista de países miembros de la Unión Europea; guarde este archivo con el nombre: "Cap-3-Actividad-3".

Recuerde

En la barra de direcciones de un navegador se tiene que escribir una dirección completa y correcta si se quiere que se muestre esa página, por ejemplo, la dirección: <es.wikipedia.org>. En la barra de direcciones de un buscador se pueden poner palabras relacionadas con la página que se quiere buscar y se muestra una lista de páginas, por ejemplo: Wikipedia.

Mozilla Firefox

Este navegador está diseñado por Mozilla, y es un *software* gratuito y de código abierto, por lo que se puede cambiar para configurarlo según las necesidades que se tenga. La licencia es pública, por lo que se puede usar, copiar y distribuir como se desee. La versión del navegador que se va a explicar es *Firefox 125.0.1.*

Cuando este navegador está instalado, el icono que aparece en el escritorio se muestra a continuación.

Icono de Firefox en la barra de tareas

Puede aparecer también un icono en la barra de inicio como muestra la imagen.

Icono de Firefox en el escritorio

Cuando se abre el navegador, la ventana que aparece presenta el aspecto siguiente:

Ventana de Firefox

Aparece una barra con distintos botones que se explican a continuación:

- **Barra de direcciones:** aparecen a la izquierda los botones de **Atrás, Adelante** y **Actualizar,** que llevan a las páginas anteriores o posteriores, o actualizar esta. El botón de **Añadir a marcadores** no aparece en la página de Inicio, pero sí aparece una vez que se realice alguna búsqueda. Como en *Chrome,* aparecerá el símbolo de una estrella. Por último, más a la derecha está la configuración de *Firefox.* Permite acciones como ver el historial, imprimir la página o guardar cómo.

En este navegador hay también una serie de herramientas y opciones que se van a explicar a continuación.

Historial

Se puede ver accediendo a la configuración de *Firefox* y pulsando en la opción **Historial.** Aparecerá un menú que permitirá ver todo el historial, limpiar o buscar.

Marcadores

Se puede acceder a los marcadores accediendo a la configuración de *Firefox* y pulsando en la opción de **Marcadores.** Dentro de esta opción se pueden ver los marcadores añadidos, añadir la página actual o administrar los marcadores.

Herramientas

Para ver las distintas opciones de Herramientas del navegador, se debe ir al botón de la **Configuración** de *Firefox.* Dentro de este, aparte de las opciones descritas anteriormente, se tiene otras opciones como **Sincronizar, Administrar las contraseñas, Complementos** y **Temas,** o una ayuda donde se puede ver la versión del navegador.

Además, está la opción de **Más herramientas,** donde permitirá configurar aspectos más profundos del navegador.

Imprimir y Guardar

En el menú de **Configuración** de *Firefox* está la opción de **Imprimir,** si se pulsa se abre una ventana con las opciones para imprimir la página.

Para guardar la página se puede usar la opción de **Guardar como...** del menú de Configuración de *Firefox.* Aparecerá una ventana donde se pregunta en qué ubicación se desea guardar y con qué formato.

 Actividades

4. Ponga en el navegador *Firefox* como página inicial la portada de la Wikipedia.

3. El Wiki como herramienta de escritura colaborativa

El Wiki o una Wiki es un "sitio web comunitario", es decir, es una página web donde los contenidos se crean en forma de colaboraciones entre los distintos usuarios.

 Nota

Ward Cunningham es programador y miembro del comité asesor de la Fundación Wikimedia.

La palabra *"Wiki Wiki"* proviene del hawaiano y significa rápido, según esto la **Wiki Wiki Web** significa "web fácil y rápida". Este término lo acuñó Ward Cunningham, inventor del Wiki en 1995, que propuso una base de datos en línea lo más simple posible para su funcionamiento, y además que se creara de manera colaborativa.

En el Wiki se ponen en común conocimientos sobre un tema y los usuarios van aportando información colaborando así en la creación del mismo. Esto requiere una gran cantidad de organización para mantener y asegurar los cambios del historial, actualizaciones y veracidad de la información que aporta cada usuario.

Al ser una herramienta colaborativa una de las ventajas es la rapidez con que la información es actualizada, pero a su vez también supone un inconveniente porque esta puede no estar contrastada y verificada correctamente. Para ello están los administradores del Wiki, que además deben actuar ante actos de vandalismo en las páginas, pues al ser el acceso libre se pueden borrar datos, introducir contenidos falsos u ofensivos, enlaces a otras web falsos, etc.

Los Wikis son obras colectivas, no hay derechos de autor, ya que son proyectos sin ánimo de lucro bajo licencia *Creative Commons,* con lo cual el contenido se puede utilizar y distribuir siempre que no sea con fines comerciales y haciendo referencia al autor.

La creación de los Wikis utiliza un *software* específico; son una serie de programas basados en lenguajes como Perl, PHP o Java, y bases de datos MySQL. Uno de lo más usados actualmente es *Confluence,* escrito en Java y desarrollado por Atlassian. Se ha convertido en una herramienta fundamental para la gestión de proyectos y la colaboración de equipos.

 **Recuerde**

Creative Commons son licencias de derechos de autor creadas en 2001 por la corporación sin ánimo de lucro del mismo nombre. El objetivo es compartir obras de manera libre, y se pueden copiar, distribuir, exhibir siempre y cuando se cite al autor y no sea con fines comerciales.

3.1. Wikipedia, el Wiki más conocido

Uno de los Wikis más conocidos es la Wikipedia, que es como la Enciclopedia Británica pero hecha por los usuarios de Internet. En Wikipedia, ella misma se define como una enciclopedia gratis, libre y accesible por todos. Está administrada por la fundación WikiMedia, organización sin ánimo de lucro, y está publicada en 284 idiomas. Esta enciclopedia comenzó su andadura en el año 2000 por Jimmy Wales y Larry Sanger, que trabajaba para su empresa. Crearon Nupedia, que pretendía ser una enciclopedia *online* escrita por expertos. Más tarde, en 2001, surgió la idea de crear un Wiki, para que resultara más fácil el trabajo, y que en este Wiki se crearan artículos paralelos a Nupedia; fue tal su éxito que desbancó a Nupedia y en 2003 desapareció. El nombre Wikipedia, ideado por Larry Sanger, proviene de la contracción de la palabra *Wiki Wiki* (rápido en hawaiano) y *encyclopedia* (enciclopedia en inglés).

Características de Wikipedia

Las características principales de Wikipedia, por ser un Wiki, son que puede ser editada y actualizada por cualquiera, es de contenido abierto y al ser considerada una enciclopedia la recopilación, actualización, almacenamiento y distribución de la información es de forma estructurada.

Cómo llegar a Wikipedia

Casi siempre se accede a Wikipedia cuando se hace una búsqueda en cualquier buscador sobre un tema concreto; una de las primeras entradas que aparece es la página de Wikipedia con ese tema concreto.

Para ver la portada de Wikipedia hay que teclear el nombre de la página: http://wikipedia.org, y se muestra la pantalla que se ve a continuación y que se explica más abajo.

Portada de Wikipedia

Como se puede ver, la página principal de Wikipedia está estructurada en módulos: en la parte central de la web aparece un artículo destacado, a su lado aparece un módulo de actualidad, y si se va bajando aparecen otros módulos como efemérides, portales o recurso del día.

Encima del módulo de artículo destacado se encuentra la bienvenida a Wikipedia. Dentro de este aparecen las siguientes opciones:

- **Contacto:** explica cómo se puede contactar con los administradores de Wikipedia.
- **Ayuda:** muestra ayudas sobre diferentes temas como formas de comunicación, búsqueda de artículos o vandalismo.
- **Primeros pasos:** una guía para editar páginas.
- **¿Cómo colaborar?:** explica cómo se puede colaborar con la comunidad de Wikipedia.
- **Café:** una especie de foro con temas de interés a discutir.

En la parte superior del módulo de bienvenida aparece el buscador de Wikipedia, donde se pueden buscar los artículos.

En la esquina superior izquierda de la web se encuentra el botón para desplegar el Menú. Dentro de este destacan opciones como:

- **Portada:** muestra la portada de Wikipedia.
- **Portal de la comunidad:** informa de las últimas novedades de Wikipedia.
- **Actualidad:** muestra artículos y noticias de actualidad.
- Otras opciones como **Donaciones, Página aleatoria** o **Cambios recientes.**

En la esquina superior derecha de la web se puede acceder a tu cuenta, o crear una.

Actividades

5. Busque en Wikipedia la información sobre lo que queda por hacer y los grupos para integrarse. Copie esta información en un documento del procesador de texto y guárdelo con el nombre: "Cap-3-Actividad-5".

Editar en Wikipedia

Para editar en Wikipedia lo primero que se debe hacer es registrarse. Esto se hace pulsando en la opción **Crear una cuenta** de la esquina superior derecha de la web. No es obligatorio estar registrado pero es conveniente, ya que si no se está registrado con una cuenta de correo entonces al editar artículos la dirección IP quedará registrada en la página en la que se hagan los cambios o que se editen.

Una vez que se esté registrado se pueden editar artículos, pero es conveniente hacer pruebas antes, y para ello se cuenta con una zona de pruebas. Para llegar a la zona de pruebas de edición haga lo siguiente: en el menú de la izquierda de la página pulse **Ayuda** y entre en la página de **Ayuda: Contenidos;** una vez allí busque el apartado **Cómo se edita una página** y vaya al enlace que hay en este apartado de la página **Ayuda: Cómo empezar una página;** una vez en esta página y habiéndola leído, en el apartado final **Crea un artículo,** puede primero ir a la **Zona de pruebas** y editar y luego editar directamente un artículo, como se muestra más abajo.

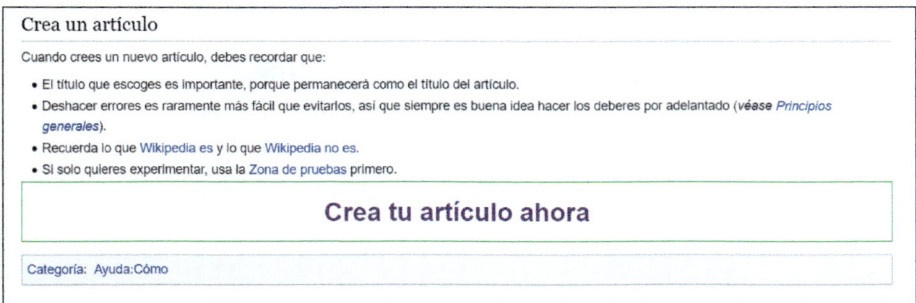

*Crear un artículo en la **Zona de pruebasv***

Si quiere crear directamente un artículo debe ir a cualquier página de Wikipedia y en la parte superior se tienen las opciones de edición, entre ellas **Editar,** como se muestra en la imagen inferior. Es recomendable seguir el tutorial de cómo editar artículos, que anteriormente se ha dicho que está en la **Portada** (menú de la izquierda), y en el menú **Participación y comunidad** ir a **Tutorial.**

Opciones de edición

3.2. Aplicación práctica

Cree y copie el texto que más abajo aparece para publicarlo en la zona de pruebas de Wikipedia:

"Sistema Operativo Unix.

Unix es un sistema operativo en tiempo real y muy flexible.

Podemos encontrar versiones de Unix para 32 bits y también para 64 bits".

Solución

Pasos:

1. Para publicar en Wikipedia debe ir primero a su portada, escribiendo en la barra del navegador la URL: es.wikipedia.org
2. Una vez en la portada de Wikipedia se pulsa sobre la opción de **Ayuda** del menú lateral. Dentro de esta página se busca **Referencia rápida** dentro de la sección **Véase también.** En la nueva pantalla se busca abajo del todo la misma sección de **Véase también** y se pulsa sobre el enlace llamado **Zona de pruebas.**

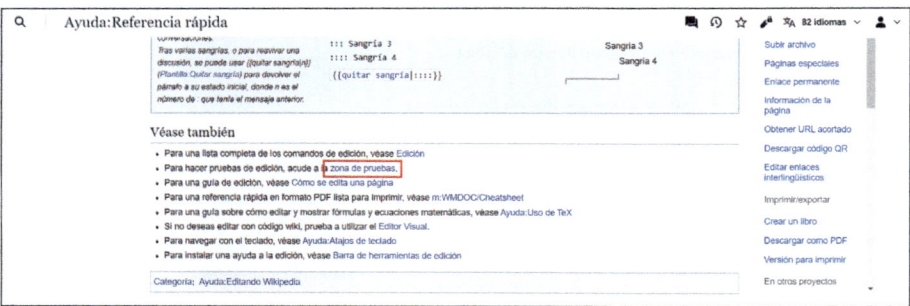

3. Una vez que se accede a la **Zona de pruebas** aparecen enlaces a varias zonas de pruebas. Se debe seleccionar una que esté libre. Después de hacer clic en una zona de pruebas libre se pulsa en el enlace de **Editar,** con lo que mostrará el espacio donde se puede escribir el artículo. Empiece a copiar el texto que se ha mostrado anteriormente.

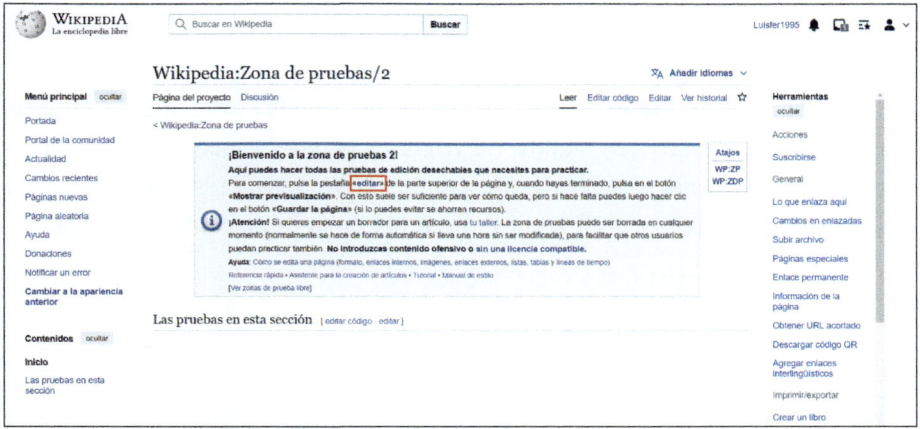

4. En la barra superior del editor despliegue la opción de **Avanzado.** En ella puede elegir poner el título del artículo en negrita pulsando la tecla de la barra. El título del artículo que se va a publicar debe sobrescribirse donde dice **"Las pruebas en esta sección",** de este modo aparecerá el título arriba, en negrita y con una línea inferior debajo. Para cambiar de línea pulse la tecla de la barra de **Nueva línea** como se muestra en la figura.

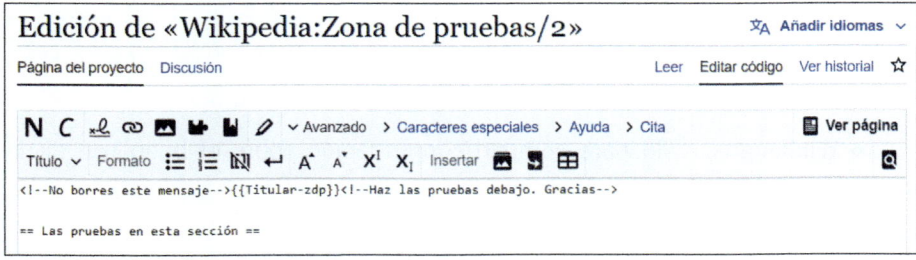

5. Una vez que ha escrito el texto puede ver cómo quedaría pulsando el botón que hay debajo de la página de prueba con la opción **Mostrar previsualización.**

6. Si ya ha terminado de hacer la prueba pulse la opción de **Publicar cambios.**

3.3. Otros Wikis. Buscadores de Wikis

Ya se ha visto que Wikipedia es uno de los Wikis más conocidos y extendido por el mundo, pero existen cientos de Wikis en la red. Se pueden así nombrar algunos Wikis paralelos a Wikipedia, como son Wikinews (es.wikinews.org) y Wikilibros (es.wikibooks.org), ambos proyectos de la fundación Wikimedia.

Otros Wikis muy conocidos son:

- **Wikileaks.** *Leaks* significa filtración, por ello es simple llegar a la conclusión de que esta Wiki publica artículos de documentos confidenciales y de contenido sensible. Su creador Julian Assange, periodista y programador australiano, que creó en 2006 esta página para destapar "el lado oculto de las noticias", aunque hay que destacar que al ser un Wiki son muchos los colaboradores que aportan noticias.
  Wikileaks se ofrece a recibir filtraciones que desvelen comportamientos no éticos ni ortodoxos por parte de los gobiernos, con énfasis especial en los regímenes totalitarios.
- **Wikitravel.** Es una Wiki que intenta crear una guía de viajes mundial con las aportaciones de los usuarios, que serán los propios colaboradores de la Wiki. Su dirección es:

    <http://wikitravel.org/es>

- **Wikilengua.** Wiki para compartir información sobre el buen uso de la lengua española, normas y estilos. Su dirección es:

    <http://www.wikilengua.org>

- **Wikiloc.** Comunidad de usuarios que comparten rutas y localizaciones geográficas con dispositivos GPS. Contiene una enorme base de datos con itinerarios y puntos de interés para consultar de manera fácil. Su dirección es:

    <http://es.wikiloc.com>

Son muchos los Wikis que existen en la actualidad y para consultarlos hay un buscador de Wikis: < http://www.wiki.com>

4. Resumen

En este capítulo se ha visto una introducción a los principales conceptos que rigen hoy en Internet. Términos como protocolo, URL, TCP/IP, WWW, DNS, DHCP, direcciones IP, dominio, navegador, buscador, etc., son coloquiales hoy en día pero que no dejan de ser jerga que hay que saber darle su significado.

También se han dado unas nociones básicas para manejar los navegadores, con especial atención en dos, pero no hay que tener miedo a emplear otros, ya que no son complicados si se sabe utilizar uno. Simplemente tendrán las opciones en otro lado de la pantalla pero no variará mucho.

Por último, se ha desarrollado un tema novedoso y en efervescencia, el trabajo colaborativo. En la red es algo muy común que ya lleva tiempo, existen multitud de proyectos de *software* libre que han sido desarrollados por grupos sin ánimo de lucro y que lo hacen para que otras personas aprendan de sus conocimientos. Sin duda uno de ellos es la Wikipedia, que se ha desarrollado como la enciclopedia más consultada del mundo.

Aprender a colaborar en todos estos proyectos es algo encomiable y digno de apoyar.

Ejercicios de repaso y autoevaluación

1. ¿Cuál de los siguientes servicios no es de Internet?

    a. Servicio de correo SMTP.
    b. Servicio de transferencia de ficheros FTP.
    c. Servicio de envío de Fax BTP.
    d. Servicio de telefonía VoIP.

2. ¿Qué es un navegador?

    a. Es un programa que solo permite hacer búsquedas en la red.
    b. Es un programa navegante, que está en varios ordenadores.
    c. Es un *software* que permite ver y recuperar documentos de hipertexto.
    d. Todas las opciones son incorrectas.

3. ¿Cuál de las siguientes afirmaciones es correcta para un buscador web?

    a. Es un programa *software* para recuperar y mostrar documentos de hipertexto.
    b. Es un motor de búsqueda.
    c. Es un sistema *software* para mostrar páginas web.
    d. Es un programa compatible con los procesadores de texto.

4. ¿Cuál de estas direcciones de Internet no sería correcta?

    a. http://www.un.org
    b. www.historia.esp
    c. www.acuarios.es
    d. www.visitlondon.com/es/

5. Sopa de letras. Encuentre seis términos relacionados con el capítulo:

F	A	C	E	T	O	N	I
I	N	T	E	R	N	E	T
R	O	D	A	C	S	U	B
E	D	E	H	W	O	P	L
F	I	F	M	I	A	R	S
O	N	R	L	K	U	L	K
X	O	I	N	I	M	O	D

6. Relacione los dominios siguientes con el tipo de organización o país que identifica:

a. Dominio .ar
b. Dominio .net
c. Dominio .mobi
d. Dominio .jobs

__ Departamento de empleo y RRHH de empresas.
__ País Argentina.
__ Empresas o servicios de móviles.
__ Para redes.

7. Complete el siguiente texto referido a los navegadores.

Un navegador Web es un _____ *software* que _____ al usuario documentos de _____ y también contenidos _____.

8. ¿Cuál de las siguientes afirmaciones relacionadas con los navegadores es falsa?

a. Internet Explorer es un navegador desarrollado por Microsoft.
b. Microsoft Navigator desplazó a otros navegadores.
c. El navegador Mozilla es de código abierto.
d. Google Chrome aparece en el año 2008.

9. **Complete el siguiente texto en relación a los Wikis.**

Una Wiki es un sitio Web _____, donde los usuarios pueden _____ en su creación. El término Wiki significa _____.

Los Wikis son obras _____ y no existen _____ de autor.

10. **Relacione las siguientes páginas Wikis con el contenido que muestran.**

    a. Wikitravel.
    b. Wikilengua.
    c. Wikiloc.
    d. Wikileaks.

    __ Rutas con localizaciones geográficas.
    __ Publica artículos de documentos confidenciales.
    __ Publica información para hacer una guía de viajes mundial.
    __ Comparte y se publica información sobre la lengua española.

11. **¿Cuál de las siguientes direcciones IP es correcta?**

    a. 265.255.0.0
    b. 255.255.0.0
    c. 255 255 0 0
    d. 255:255:0:0

12. **Complete el siguiente texto en relación a la Wikipedia.**

Wikipedia se define como una enciclopedia gratis, _____ y _____ para todos. Está administrada por la fundación _____, está publicada en _____ idiomas y comenzó su funcionamiento en el año _____.

13. ¿Cuál de las siguientes afirmaciones es incorrecta en relación a la Wikipedia?

    a. Al definirse como una enciclopedia libre la recopilación de la información es estructurada.

    b. Existe un menú a la izquierda de la página inicial de Búsqueda y preguntas.

    c. En la página inicial aparecen los artículos destacados y el menú de Participación y comunidad.

    d. Sus creadores fueron Jimmy Wales y Larry Sanger.

14. El espacio de dominio de nivel superior está dividido en...

    a. ... tres espacios: ccTLD, gTLD y e.TLD.

    b. ... dos espacios: uno que identifica territorios y otro a empresas.

    c. ... dos espacios: uno que identifica territorios ccTLD y otro genérico gTLD.

    d. Todas las opciones son incorrectas.

15. ¿Cómo se va a la página de inicio en Chrome?

    a. Usando la combinación de teclas [Alt] + [Inicio].

    b. Usando la combinación de teclas [Ctrl] + [Inicio].

    c. Usando la combinación de teclas [May] + [Inicio].

    d. Usando la combinación de teclas [Alt] + [Supr].

Sistemas de correo electrónico, chat y foros. Reglas de conducta a aplicar en los foros, chat y correo electrónico

Contenido

1. Introducción

Debido a los cambios que se han producido en estos últimos años en los medios de comunicación gracias a Internet y sus diferentes servicios, las técnicas de comunicación también han cambiado.

El envío de un correo tradicional prácticamente se ha dejado de utilizar para hacerlo a través de correo electrónico *(e-mail)*, así como también se hacen muchos foros de debate sobre temas específicos a través de Internet, pues con este medio la distancia física entre los participantes no es un problema.

Se realizan también conversaciones en tiempo real a través de Internet, es decir chat, en las que varias personas mantienen un diálogo sin tener en cuenta la situación geográfica en la que están pues la distancia no es un problema, solo se necesita que exista conexión a Internet entre los distintos ordenadores de los participantes.

Hay también una serie de desventajas y normas de conducta en estas técnicas de comunicación a la hora de utilizarlas, que se desarrollarán en este capítulo.

Hoy en día estos servicios no solo se realizan entre ordenadores conectados a la red sino que también se pueden utilizar desde los teléfonos móviles *(smartphone)*, *tablet*, *iPad*, etc.

2. Sistemas de correo electrónico, chat y foros

Como se ha expuesto anteriormente, al cambiar los medios para transmitir la información las técnicas también cambian, así pues no se entiende hoy en día la comunicación entre distintas personas si estas no están conectadas entre sí a través de Internet y, por supuesto, el uso de los distintos servicios que suministra, como son el correo electrónico, los chats y los foros. A continuación, se verán con más detalle estos servicios, cómo se utilizan, ventajas y desventajas, los más usuales, etc.

2.1. Sistemas de correo electrónico

La palabra *e-mail* proviene del inglés *electronic mail,* que significa correo electrónico. A él se hace referencia de las dos maneras. Los primeros pasos del correo electrónico se dieron en los años 60 cuando se accede a un ordenador remoto para guardar archivos en él; más tarde, en 1971, Ray Tomlinson inventa el correo electrónico como se conoce hoy en día, incorporando el símbolo de @, que divide la dirección de correo electrónico en dos: a la izquierda del símbolo @ está el nombre del usuario del correo y a la derecha el dominio al que pertenece, es decir, el servidor de correo electrónico.

 Ejemplo

nombre_usuario@servidor.dominio; esto representaría el formato de una dirección de correo electrónico.

Qué es, características y tipos de correo electrónico

El correo electrónico es una forma de enviar mensajes entre ordenadores u otros dispositivos con conexión a Internet. El envío de mensajes no solo puede ser de texto, sino que se puede enviar cualquier tipo de archivo digital en forma de fichero adjunto, como son fotos, videos, música, etc.

Para utilizar el correo electrónico, ya sea para enviar o recibir mensajes, lo primero es tener una cuenta de correo, que debe ser única en Internet. Ya se ha visto que las cuentas de correo o direcciones se componen de dos partes separadas por el símbolo @. En la parte de la izquierda del símbolo @ está el nombre que se haya elegido para el correo, en la parte de la derecha del símbolo está el dominio del correo, es el nombre del servidor de correo. El servidor o proveedor de correo puede ser gratuito, de pago o de una empresa que instale su propio servidor de correo.

Los proveedores de correo pueden ser gratuitos o de pago y pueden ofrecer servicio de correo *webmail,* que es a través de página web, o como cliente de correo, que es un programa para gestionar los mensajes desde el propio ordenador, ya que normalmente estos se descargan en el terminal. Además, se debe configurar el equipo para decir qué protocolos de envío y recepción de correo son usados; estos protocolos son SMTP para envío y POP3 o IMAP para recepción.

Los proveedores de correo electrónico gratuitos normalmente permiten ver el correo desde un sitio web y así mostrar la publicidad que suelen tener. Se debe estar conectado todo el tiempo a Internet y usar un navegador web para verlo, no es necesario instalar ningún programa, ni tampoco configurar nada en el ordenador; además se puede ver el correo desde cualquier ordenador ya que los correos no se descargan en la computadora sino que permanecen en el servidor.

Los proveedores de correo de pago pueden ser entre otros los propios proveedores de Internet que ofrecen ese servicio; también las empresas registradoras de dominio suelen ofrecerlo.

Estos proveedores deben proporcionar todos los detalles para configurar el equipo y que se pueda ver el correo, estos datos son:

- Dirección del servidor de correo entrante y saliente.
- Nombre del usuario.
- Contraseña.
- Protocolo de conexión para recibir mensajes, puede ser POP3 o IMAP.
- Protocolo de envío de mensajes, que es siempre SMTP.

Si el correo es de tipo *webmail,* las especificaciones anteriores no son necesarias, solo se necesita crear una cuenta de correo electrónico con un nombre y una clave personal en la página del servidor y tener conexión a Internet.

Recuerde

SMTP *(Simple Mail Transfer Protocol)* es un protocolo del grupo TCP/IP y se usa para el envío de correos electrónicos. Aparece en el año 1982. POP3 *(Post Office Protocol 3, 1988)* e IMAP *(Internet Message Access Protocol)* son protocolos del grupo TCP/IP para la recepción de correo electrónico.

Funcionamiento del correo electrónico

En toda comunicación se tienen siempre tres elementos básicos, que son el emisor del mensaje, el canal, que es el medio por el que se trasmite el mensaje, y el receptor, al que va dirigido el mensaje y que lo recibe.

Esquema de comunicación

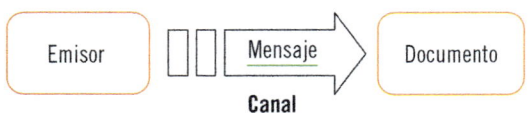

En el caso particular del correo electrónico, el emisor y receptor son personas que tienen una cuenta de correo electrónico y que a través del canal, que es Internet y los servidores de correo, envían y reciben mensajes o *emails*.

En el funcionamiento del correo electrónico hay que distinguir entre envío y recepción del mismo.

Envío de mensajes

Suponiendo que ya se tiene creada una cuenta de correo electrónico, al entrar en ella para enviar un mensaje se necesita obligatoriamente la dirección de correo a quien se va a enviar el mensaje, es decir, el destinatario, y el texto del mensaje que se va a enviar, que puede ser un texto que se escribe en la zona reservada para ello en el correo, uno o varios archivos adjuntos al correo, o todo a la vez (texto y archivos).

Otros datos que se pueden enviar no tienen por qué ser obligatorios aunque sí recomendables, como es el **Asunto,** donde se indica de manera breve el asunto del mensaje y es lo primero que ve en la bandeja de entrada el receptor del mensaje.

Una vez que se ha creado el correo que se quiere enviar se pulsa la opción de **Enviar** que aparece en todas las pantallas de correo, y comienza un proceso interno de envío de ese mensaje a través de Internet, como se muestra en la figura siguiente y que más abajo se explica.

Esquema del envío de correo electrónico

El **Usuario 1** con el **servidor de correo A** envía un mensaje al **Usuario 2** con el **servidor de correo B.**

- **Paso 1:** al enviar un mensaje el **Usuario 1** este va a través de Internet a su servidor de correo saliente **(A)** y el envío se hace utilizando el protocolo SMTP.
- **Paso 2:** el **servidor de correo A** resuelve la dirección de correo y envía al **servidor de correo B,** que será el entrante del **Usuario 2,** el mensaje, también utilizando el protocolo SMTP.
- **Paso 3: el servidor de correo B** envía el mensaje al **Usuario 2** mediante el protocolo POP3.

A continuación, se va a explicar de forma más detallada la creación de una cuenta de correo electrónico y el envío y recepción del mismo utilizando dos de los servidores gratuitos más usados. Estos servidores son *Gmail* y *Outlook* (antes *Hotmail),* son servidores de tipo *webmail.*

Gmail. Creación de una cuenta, enviar y recibir correos

Para la creación de una cuenta en *Gmail* vaya a la página de inicio, en ella arriba a la derecha aparece la opción **Crear una cuenta,** como se muestra en la figura.

Esta página de inicio puede ir cambiando a lo largo del tiempo, ya que puede variar la publicidad y el acceso para registrarse cambia de posición en la página.

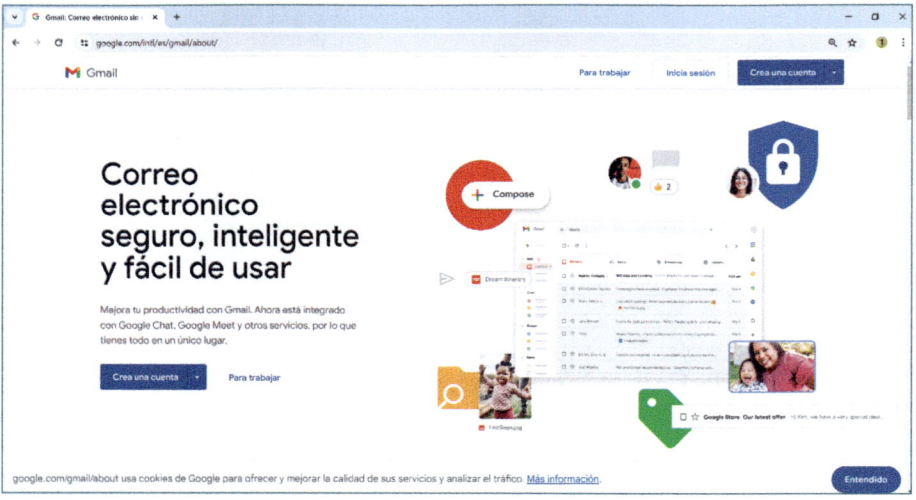

Página inicial de Gmail

Al pulsar en **Crear una cuenta** pregunta si esta es para uso personal o empresarial. En este caso se pulsa en **Para uso personal.** A continuación, comienza a aparecer el formulario que se debe rellenar para crear la cuenta. A medida que se avanza en el formulario irá pidiendo distintos datos hasta completar toda la información necesaria para la creación de la cuenta.

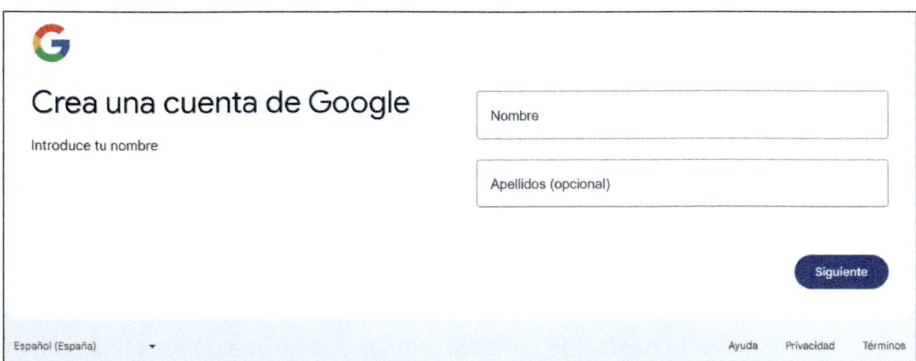

Formulario de Gmail

Actividades

1. Dese de alta en una cuenta de correo en Gmail y señale sus principales características.

Recuerde

Gmail normalmente pide la contraseña dos veces seguidas para chequearla, ya que al escribirla se verán asteriscos (*) y no se sabrá qué se ha puesto. También suele haber un *captcha,* que es un texto o números puestos en visión borrosa para que una máquina no pueda pedir los correos y bloquear el servidor.

Enviar mensaje desde Gmail

Una vez que está dentro del nuevo correo, para enviar un mensaje desde *Gmail* pulse la opción de **Redactar,** que está a la izquierda de la página.

Nuevo mensaje

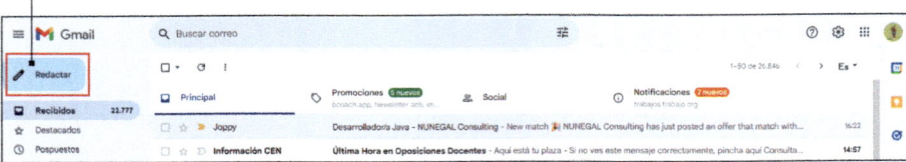

Ir a redactar un mensaje en Gmail

Estando en la página de redactar o crear el mensaje ponga en la opción **"Para:"** el destinatario al que va dirigido el correo. Si pulsa las opciones de **Cc** (Copia de carbón) o **Cco** (Copia de carbón oculta), que están arriba a la derecha de la página, podrá enviar el correo a varios destinatarios a la vez. Con la opción **Cc** se envía a varios destinatarios a la vez y todos pueden ver las direcciones de correo de todos a los que se les envió ese mensaje. Si se envía con **Cco** los destinatarios no ven el resto de direcciones de correo a quienes se les envía.

En el **Asunto** se realiza una breve explicación del motivo del correo. En la zona de **Texto del mensaje** escriba el texto que pretende enviar, aunque a veces solo se mandan ficheros adjuntos. Para adjuntar un archivo o varios pulse el botón "con forma de clip", preguntando luego la aplicación la ubicación del fichero, debiendo pulsarse tantas veces como archivos se quiera adjuntar.

Una vez que ha terminado, pulse la opción de **Enviar,** que está abajo a la izquierda de la página, como se muestra en la imagen.

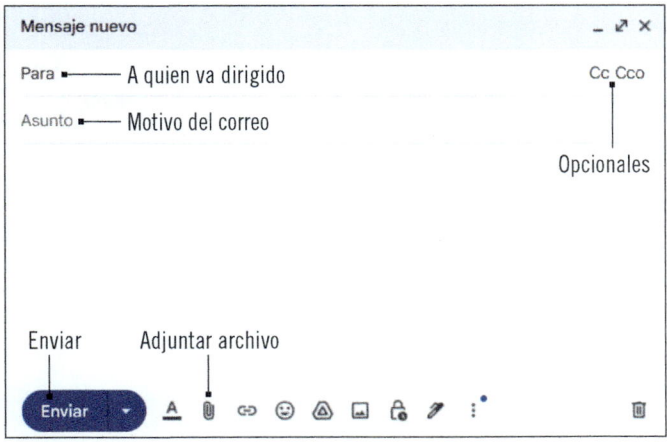

Envío de mensaje en Gmail

Ver los mensajes recibidos en Gmail

Cuando se abre este correo la primera pantalla que aparece es la bandeja de **Recibidos** (es una carpeta) con los mensajes nuevos que han llegado, a la izquierda de esta pantalla se muestran las distintas carpetas para organizar los mensajes o correos **Destacados, Importantes, Enviados,** etc.

Una vez que se pincha encima de un mensaje se pueden utilizar las opciones que se ven en la barra superior, la papelera para eliminarlo, la carpeta para moverlo a otra carpeta, etc.

Si se sitúa encima de algún mensaje recibido aparecen a la derecha las opciones de **Archivar, Eliminar, Marcar como leído** y **Posponer.** Para responder al mensaje se debe entrar dentro de este y aparecerá la opción de **Responder** en la esquina superior derecha, como aparece en la imagen inferior.

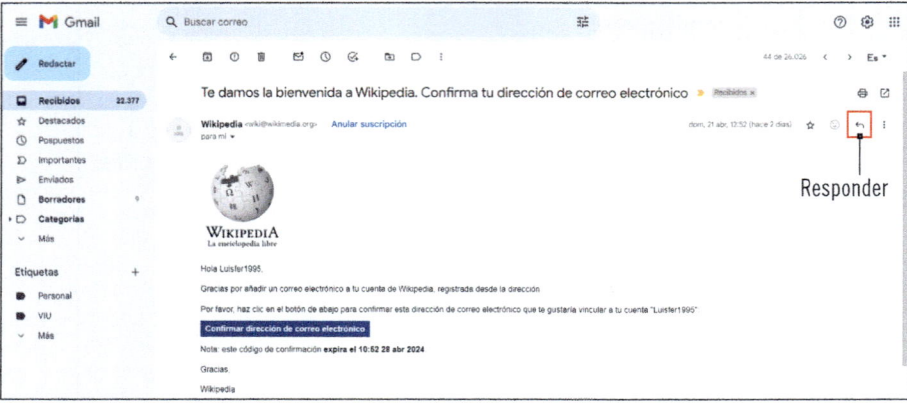

Recepción de mensaje en Gmail

Outlook. Creación de una cuenta, enviar y recibir correos

Outlook es el servidor de correo web de Microsoft, aunque tiene otros servidores anteriores como *Hotmail,* que también se pueden utilizar con *Outlook.*

Importante

Outlook es una aplicación de gestión de correo, así como agenda personal, que permite la comunicación con miles de personas en todo el mundo a través de mensajes electrónicos.

Para la creación de una cuenta en Outlook vaya a la página de inicio, en ella abajo a la derecha aparece la opción **Crear una cuenta gratuita,** como se muestra en la figura.

Página inicial de Outlook

Al pulsar en la opción, comienza el formulario para crearla. A medida que se avanza en el formulario se irán pidiendo distintos datos hasta completar toda la información necesaria para la creación de la cuenta.

Esta página de inicio puede ir cambiando a lo largo del tiempo, ya que puede variar la publicidad y el acceso para registrarse también renueva su posición en la página.

Destacar que en *Outlook* se pueden elegir los distintos servidores de correo que tiene *Microsoft* a la hora de crear la cuenta de correo, estos son: **outlook.es, outlook.com, hotmail.es, hotmail.com y live.com.**

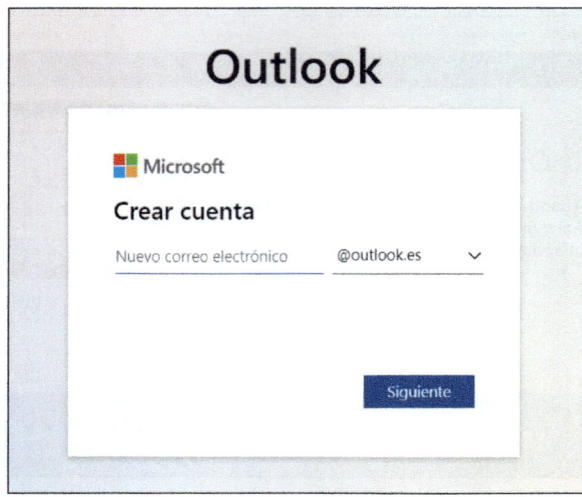

Formulario de Outlook

Enviar mensaje desde Outlook

Una vez que se está en el nuevo correo, para enviar un mensaje desde *Outlook* pulse la opción de **Correo nuevo,** que está arriba en la barra de menú.

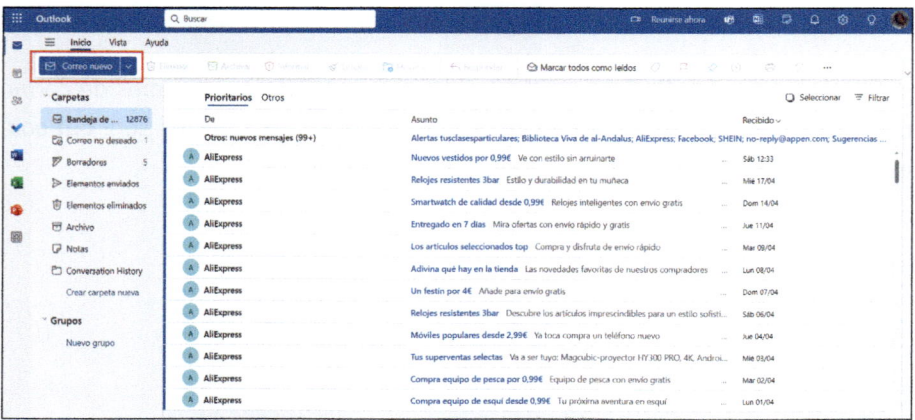

Escribir un mensaje en Outlook

En la página de **Correo nuevo** para crear y enviar el mensaje ponga en la opción **"Para:"** el destinatario al que va dirigido el correo. Se pueden utilizar las opciones de **Cc** y **Cco** para enviarlo a varios destinatarios a la vez.

En el **Asunto** se pone una breve explicación del motivo del correo. En la zona de **Texto del mensaje** escriba el texto que pretende enviar, aunque a veces solo se mandan ficheros adjuntos. Para adjuntar un archivo o varios pulse el botón **Insertar,** luego la aplicación pregunta la ubicación del fichero y debe pulsar tantas veces como archivos quiera adjuntar.

Una vez que se ha terminado pulse la opción de **Enviar,** que está en la barra de menús de la parte superior.

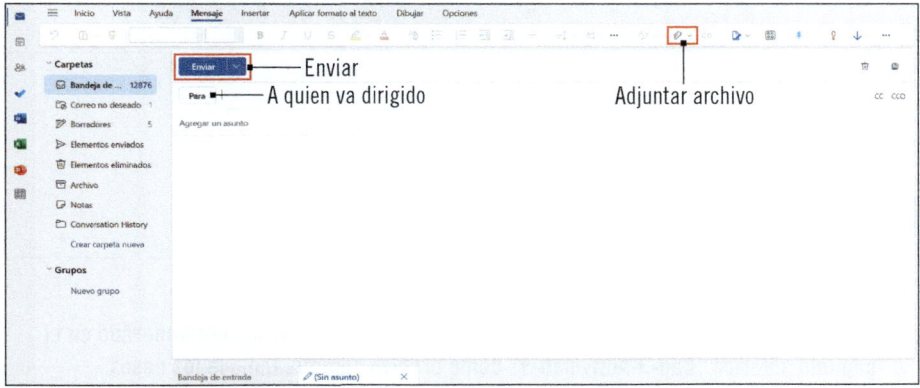

Enviar un mensaje en Outlook

Ver los mensajes recibidos en Outlook

Cuando se abre el correo la primera pantalla que aparece es la bandeja de **Entrada** (es una carpeta) con los mensajes nuevos que han llegado, a la izquierda de la pantalla se ven las distintas carpetas para organizar los mensajes o correos: **Correo no deseado, Borradores, Enviados, Eliminados,** etc. Al pinchar en uno de los mensajes se muestra, como se ve en la imagen inferior, la barra superior de menús con nuevas opciones, como son **Responder, Eliminar, Archivar,** etc.

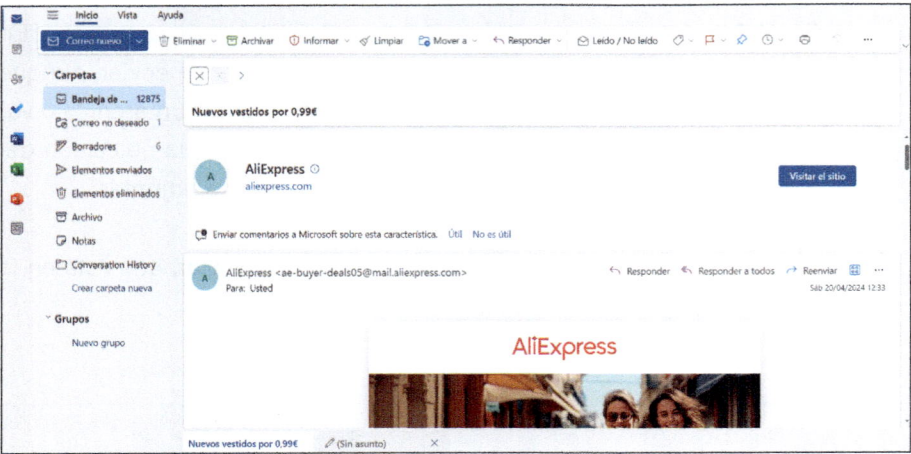

Imagen de un mensaje en Outlook

 Aplicación práctica

Envíe por correo electrónico a algún amigo un mensaje con el fichero generado en el capítulo anterior "Cap-3-Actividad-3" como archivo adjunto. Indique los pasos.

SOLUCIÓN

Pasos:

1. Abra el navegador y realice la conexión a la página de correo (las imágenes serán de Gmail).
2. Pulse el botón de Redactar.
3. Coloque la dirección, el texto y haga clic en el botón del clip de abajo para que se abra la ventana de navegación y localice el archivo en el ordenador.

Continúa en página siguiente >>

<< Viene de página anterior

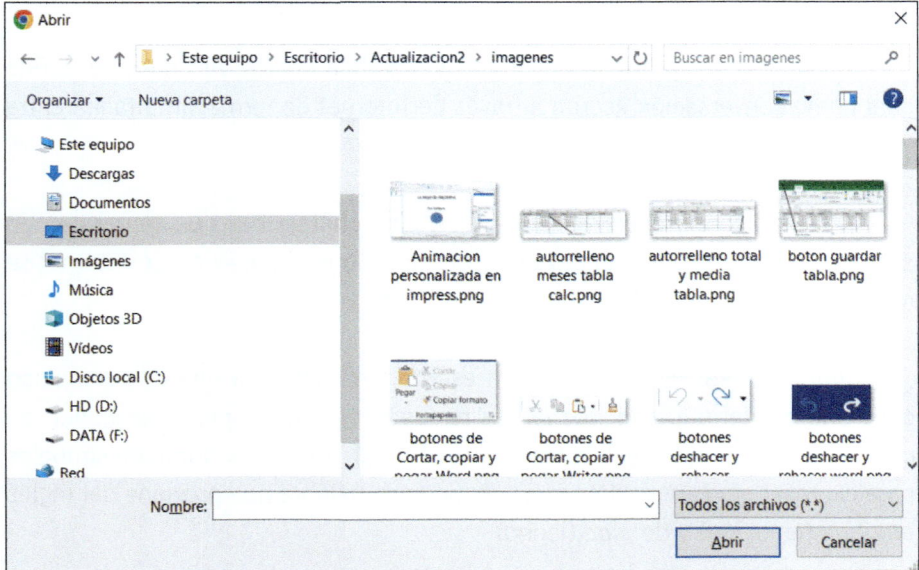

4. Ya solo queda pulsar el botón de enviar.

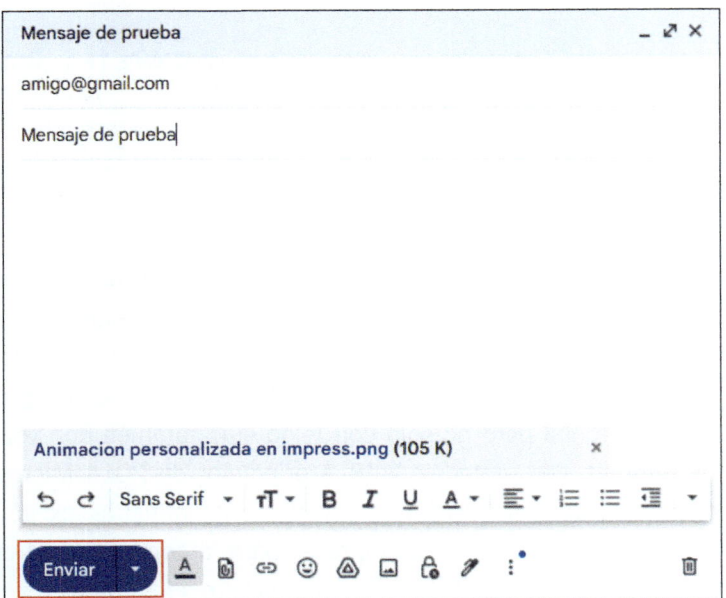

2.2. Chat

La palabra chat proviene del inglés y significa charla. Así pues se define chat como conversación escrita a través de Internet de forma simultánea entre varias personas y en tiempo real.

Para establecer una conversación en chat o chatear hay que contar con un *software* específico y una conexión a Internet. En esta conexión de Internet se utilizará el protocolo IRC *(Internet Relay Chat)*.

Aunque el chat es comunicación escrita, se considera una comunicación cotidiana e informal, con lo cual las reglas ortográficas apenas se tienen en cuenta, asemejándose así a la comunicación oral. Se utilizan también símbolos para expresar emociones llamados emoticonos, palabra que proviene del inglés *emotion* (emoción) y de *icon* (icono).

Importante

Para expresar emociones se pueden usar en los chats los emoticonos. La palabra es un neologismo que proviene de emoción e icono.

Una de las primeras aplicaciones *software* para chatear fue *mIRC*, utilizado en plataformas *Microsoft Windows,* aunque está en desuso. Más tarde apareció *Windows Messenger* que después será desplazado por *Windows Live Messenger.* Por último, en el año 2011 Microsoft compra *Skype,* que es un servicio de mensajería instantánea pero no solo con texto sino también con voz y video a través de Internet, con protocolo VoIP. A principios de 2014 Microsoft dejó de prestar servicio de *Windows Live Messenger*. Actualmente, existe una herramienta muy extendida entre las empresas para la comunicación entre sus trabajadores, llamada *Microsoft Teams.* Esta permite a los trabajadores comunicarse de forma escrita o a través de llamadas. Además, funciona como un escritorio virtual donde se puede acceder a más herramientas de Microsoft 365 y trabajar con documentos.

Los usuarios de chat utilizan seudónimos, también llamados *nick* para la comunicación. Existen algunos chat en los que los *nick* pueden ser de pago.

Para acceder a un chat se puede hacer de dos formas distintas, a través de cliente IRC o por una webchat.

Como cliente IRC se puede utilizar *software* libre como *Xchat, Pidgin* o *mIRC,* que no es 100 % libre, y no se necesita un navegador web para ello; además la conexión a Internet puede ser de baja calidad pues no se necesita un ancho de banda alto.

Mediante webchat no es necesario instalar ningún *software,* solo hay que entrar en alguna página de chat, por lo tanto se necesita un navegador web.

Una de las ventajas principales del chat es la comunicación directa con varios usuarios sin tener en cuenta la distancia geográfica a la que se encuentra cada uno. El anonimato puede ser al mismo tiempo una ventaja, ya que da seguridad a la hora de tratar ciertos temas, pero a la vez puede ser una desventaja pues en realidad no se puede ver la intención de los otros interlocutores, su sinceridad etc., pues no existe tampoco la entonación en la conversación, aunque se considera que al escribir en mayúscula se está gritando.

 **Actividades**

2. Busque en Internet una lista de emoticonos para sus charlas.

2.3. Foros

El foro no es más que una aplicación web alojada en algún servidor que hace las veces de tablón de anuncios para los mensajes en Internet.

Estos mensajes se encuentran agrupados por categorías que hacen de contenedor ya que si no sería imposible encontrar la información.

Estos foros proceden de las BBS *(Bulletin Board System),* que eran bases de datos con información para los proyectos universitarios a finales de los 80 y principios de los 90.

Se hicieron muy populares como soporte de ayuda para usuarios menos iniciados, ya que se podía dejar el mensaje y otro usuario lo respondía. En algunos foros es necesario registrarse para poder acceder y entrar en algunos temas o en partes privadas de estos foros.

Los foros se dividen por su contenido en fórums, dentro de ellos puede haber varias conversaciones llamadas temas, argumentos o hilos, en inglés *thread.* A los mensajes escritos se les conoce con el nombre de *post.*

Muchos foros están dedicados a una temática concreta, por ejemplo, cocina, gramática, informática, etc., convirtiéndose los usuarios en auténticos eruditos del tema, por lo que es bueno dejarse aconsejar por ellos.

 Actividades

3. Busque en Internet algún foro relacionado con temas del curso, como el foro de la Web del Programador, y señale sus características.

3. Reglas de conducta a aplicar en los foros, chat y correo electrónico

En la comunicación, en general existen unas reglas o normas de conducta que pueden estar escritas o no. A estas se las denomina normas de etiqueta; por ejemplo, en la comunicación verbal saludar y presentarse al comenzar un debate, no hablar gritando, respetar el turno de palabra, no insultar, etc., y en la comunicación escrita, además de las anteriores, evitar las faltas de ortografía.

En la comunicación en Internet también se usan una serie de reglas de etiqueta a las que se les llama *netiquette.*

 Nota

La palabra *netiquette* viene de la unión de *net* (red) y del francés *etiquette* (etiqueta), lo que sería la etiqueta en la red.

Estas *netiquettes* se puede decir que son una serie de reglas sociales para que el uso de foros, chat y correo electrónico sea más agradable a todos. Las reglas para el correo electrónico suelen ser como las del correo tradicional, pues es una comunicación escrita solo que el canal es Internet. Las reglas para los foros y chats son diferentes pues aunque sea comunicación escrita se considera, sobre todo al chat, como una comunicación oral. En 1995 el IETF *(Internet Engineering Task Force)* elaboró un documento para regular las comunicaciones en la red con estas diez reglas:

- No olvides que la persona que lee el mensaje es otro ser humano con sentimientos.
- Sigue en la red los mismos estándares de comportamiento que en la vida real.
- Escribir en mayúsculas se considera gritar y dificulta la lectura.

■ Respeta el tiempo y ancho de banda de los demás.

■ Muestra tu lado bueno mientras estés en línea.

■ Comparte tus conocimientos con la comunidad.

■ Ayuda a mantener los debates en un ambiente sano y educativo.

■ Respeta la privacidad de terceras personas.

■ No abuses de tu poder o de ventajas que puedas tener.

■ Excusa los errores de otros.

En los foros, de las normas de comportamiento se encarga un administrador del sitio para indicar si las consultas ya se han contestado o redirigir si algún usuario se ha equivocado de charla. También puede eliminar aquellos mensajes que considere fuera de tono o que no siguen las reglas. A estos personajes que solo quieren alborotar el normal funcionamiento del foro se les conoce con el nombre de *troll*.

Al llevar a cabo el registro en un foro o chat algunas veces se muestran unas reglas de uso que se deben aceptar y respetar.

4. Resumen

Se vive actualmente en la era de la comunicación, y es necesario estar comunicados ya que el hombre es un animal social al que le es fundamental saber de los demás.

Desde la invención de la imprenta la comunicación ha avanzado más últimamente que en todos los siglos anteriores.

Para poder comunicarse hoy en día se usa el correo electrónico, quedando ya muy atrás la revolución que supuso el fax, ya que ha caído en desuso. Cuando se ponía un fax había que esperar que no hubiese corte en la línea, que no se enganchasen los folios, etc. Con el *email* se pueden mandar archivos del tamaño que se necesite (siempre que no exceda el tamaño del servidor de correo) y se sabe cómo se va a ver el mensaje, ya que antes con el fax dependiendo del tipo de máquina se podía ver mejor o peor, en color o blanco y negro, etc.

Y qué decir de aplicaciones como *WhatsApp, Messenger* o *Skype;* la mensajería instantánea está también evolucionando mucho desde los chats, que inicialmente solo dejaban enviar textos cortos, ya pudiendo llevarse a cabo hasta videoconferencias con las mismas aplicaciones.

Los foros son los que menos han evolucionado en estos últimos tiempos y se mantienen casi como al principio. Con las plataformas digitales y redes sociales (*Facebook, X,* etc.) se va ampliando un poco la oferta.

Todas estas nuevas formas de comunicación requieren de unas normas de buena conducta para el funcionamiento de la comunicación.

Ejercicios de repaso y autoevaluación

1. ¿Cuál de las siguientes afirmaciones es correcta?

    a. Una dirección de correo electrónico se divide en tres partes.

    b. En la dirección de correo electrónico la parte de la derecha del símbolo @ indica el nombre del correo.

    c. En la dirección de correo electrónico la parte de la derecha del símbolo @ indica el nombre del servidor de correo.

    d. En la dirección de correo electrónico la parte de la izquierda del símbolo @ indica el nombre del servidor de correo.

2. Complete el siguiente texto referido a los servidores de correo electrónico.

Los proveedores de correo electrónico pueden ser _____ o gratuitos. El servicio de correo puede ser a través de _____ web, llamado _____, o programas que _____ el correo, llamados _____ de correo; para estos últimos hay que _____ el equipo.

3. Sopa de letras. Encuentre seis términos relacionados con el capítulo:

C	H	I	E	M	N	E	A
F	D	I	W	N	S	T	F
K	E	M	J	I	V	A	O
C	H	A	T	C	T	I	R
A	F	P	E	K	J	O	O
B	L	R	I	S	M	E	N
L	I	A	M	B	E	W	B

4. En la comunicación que representa el correo electrónico relacione sus elementos:

    a. Emisor.
    b. Receptor.
    c. Canal.
    d. Mensaje.

    __ Quien recibe el mensaje.
    __ Internet.
    __ Quien envía el mensaje.
    __ *E-mail.*

5. Para enviar un mensaje de correo electrónico se necesita obligatoriamente...

    a. ... la dirección de email del remitente y escribir el mensaje.
    b. ... la dirección de email del destinatario y el mensaje de texto y un fichero adjunto.
    c. ... la dirección del servidor de correo y el mensaje.
    d. ... la dirección de email del destinatario y el mensaje, que puede ser un texto y/o un fichero adjunto.

6. Para enviar un email a varios destinatarios a la vez y que no se vean las direcciones de a los que va dirigido se debe...

    a. ... crear el mensaje y en "Para" poner las distintas direcciones separadas por comas y Enviar.
    b. ... crear el mensaje y utilizar la opción Cco para poner los destinatarios y Enviar.
    c. ... crear el mensaje y utilizar las opciones "Para" y Cc para poner los destinatarios y Enviar.
    d. ... enviar el mensaje como oculto.

7. Complete el siguiente texto referido al correo electrónico.

Al enviar un correo electrónico este va a través de _____ al servidor de correo _____ usando el protocolo _____. Cuando un usuario _____ un correo lo hace del servidor de correo _____, usando el protocolo _____.

8. ¿Cuál de las siguientes afirmaciones es correcta para enviar un email con texto y un archivo con el servidor de Gmail?

    a. Abra el correo, vaya a Redactar, indique la dirección del destinatario, escriba el texto, pulse la opción Pegado de archivo y Enviar.

    b. Abra el correo, vaya a Nuevo, ponga la dirección del destinatario, escriba el texto, pulse el botón del clip y Enviar.

    c. Abra el correo, vaya a Redactar, ponga la dirección del destinatario, escriba el texto, pulse el botón del clip, localice el archivo y Enviar.

    d. Todas las opciones son incorrectas.

9. Complete el siguiente texto que hace alusión al chat.

Una de las principales ventajas del chat es que no _____ la _____ geográfica de los interlocutores. Aunque es comunicación _____, se le considera una comunicación cotidiana e _____, por ello se asemeja a la comunicación _____.

10. Relacionar las siguientes afirmaciones sobre los foros y chat:

    a. Se utilizan iconos para expresar emociones.

    b. Puedes ser cliente de IRC.

    c. Existen distintas conversaciones llamadas temas o hilos.

    __ Dentro de un foro.

    __ Protocolo de Internet para chat.

    __ Se les llama emoticonos en los chats.

11. Haciendo referencia a las reglas netiquettes en foros, correos y chats, ¿cuál de estas afirmaciones es correcta?

    a. Al escribir en el chat se deben respetar las reglas de ortografía.

    b. Cuando se hacen las preguntas en un foro se debe escribir todo en mayúsculas.

    c. Al enviar un correo electrónico es recomendable poner el asunto y respetar las reglas ortográficas.

    d. En todas las conversaciones hay que usar emoticonos.

12. En el envío de un email con el servidor Outlook, ¿qué afirmación es incorrecta?

   a. Se pulsa la opción Nuevo, se pone el asunto, se escribe el texto y se pulsa Enviar.
   b. Se pulsa la opción Nuevo, se adjunta un fichero, se pone la dirección del destinatario y se pulsa Enviar.
   c. Se pulsa la opción Nuevo, se pone el asunto, se pone la dirección del destinatario, se escribe el texto y se pulsa Enviar.
   d. Se pulsa la opción Nuevo, pero nunca hace falta poner el asunto.

13. Relacione los protocolos con el servicio en el que se utilizan:

   a. IRC.
   b. SMTP.
   c. VoIP.
   d. POP3 o IMAP.

   __ Servicio de chat con video (Skype).
   __ Servicio de chat.
   __ Servicio de *e-mail* entrante.
   __ Servicio de *e-mail* saliente.

14. ¿Cuál de estas afirmaciones es incorrecta referidas al correo electrónico?

   a. Los proveedores de correo electrónico pueden ser gratuitos o de pago.
   b. El servicio de correo electrónico puede ser de webmail o como cliente de correo.
   c. Para ver un correo con servicio de webmail primero hay que instalar un *software* en el ordenador.
   d. Outlook es el servidor de correo web de Microsoft.

15. Complete el siguiente texto en relación a los foros.

El foro es una _____ web alojada en un _____ que simula un tablón de anuncios.

Los foros se dividen por su temática en _____, dentro de ellos puede haber distintas _____ llamadas temas, _____ o hilos.

A los mensajes escritos en ellos se les llama _____.

Capítulo 5

Transferencia de ficheros. Explicación de las técnicas de transferencias de ficheros a nivel de usuario y discriminando las que aportan elementos de seguridad tanto para identificación como cifrado

Contenido

1. Introducción

La comunicación que se hace entre ordenadores se lleva a cabo a través de transferencias de ficheros, ya que cuando se envía información normalmente va contenida en ellos. Una petición de una página web no es más que la petición de dicho fichero que a su vez puede hacer que bajen otros (imágenes, formatos CSS, etc.) que van incluidos dentro de la página.

Hoy en día las conexiones son totales y no hay problema con estar en línea mucho tiempo, pero hace algunos años esto no era así y había que buscar las formas de hacer esta transferencia lo más eficiente posible. Por ello surgieron los protocolos para mover ficheros de un ordenador a otro (FTP, Telnet, etc.).

En este capítulo se estudiará cómo se comenzó a hacer esta transferencia y cómo se realiza en la actualidad.

2. Transferencia de ficheros

Según la RAE (Real Academia Española) se define transferir como: "Llevar o pasar algo de un lugar a otro". Así pues se puede decir en términos informáticos que la transferencia de ficheros es llevar ficheros de un ordenador a otro.

Esta transferencia de ficheros hoy en día se puede realizar de muy diversas formas, aunque el término está muy ligado al protocolo que se comenzó utilizando para ello, que era FTP *(File Transfer Protocol),* en español Protocolo de Transferencia de Ficheros, y que se sigue utilizando hoy en día.

Prácticamente hoy en día su uso se ha centrado en la subida de páginas web al servidor de ficheros. Normalmente se deja una carpeta a cada usuario para que pueda publicar sus ficheros desde ahí.

La transferencia de ficheros ha evolucionado, ofreciendo a los usuarios mayores niveles de seguridad tanto en el acceso como en los propios datos, posibilidad de envío de ficheros más grandes y distintos programas *software* para la transferencia.

2.1. Origen y funcionamiento de la transmisión de ficheros

La transferencia de ficheros se remonta al propio origen de Internet en 1969 cuando el MIT *(Massachusetts Institute of Technology)* presenta la propuesta del primer protocolo para la transmisión de archivos en Internet.

En 1985 se termina el desarrollo del protocolo con las recomendaciones RFC 959 para la transmisión de ficheros en Internet FTP, que hoy en día se siguen utilizando.

Las RFC *(Request For Comments)*, petición de comentarios en español, son una serie de documentos sobre Internet que contienen especificaciones sobre protocolos y estándares. IETF *(Internet Engineering Task Force)* es el grupo de trabajo de ingeniería en Internet, que finalmente decide si se aprueban o no como RFC las propuestas recibidas.

El FTP está basado en la filosofía cliente/servidor, que básicamente consiste en que un programa "cliente" realiza peticiones a otro programa "servidor", el cual responde a la petición.

El equipo cliente se conecta al equipo servidor para descargar o enviar archivos utilizando los puertos 20 y 21 para la transferencia y control de datos. Uno de los principales problemas de FTP es que aunque ofrece gran velocidad en la conexión no ocurre lo mismo con la seguridad, ya que los datos se transfieren en ficheros de texto plano y sin cifrado.

Para solucionar esto se utiliza SFTP *(Secure File Transfer Protocol)* y SCP *(Secure Copy)*, transferencias seguras de ficheros con el protocolo SSH *(Secure Shell)*.

El programa cliente puede venir incluido en algunos sistemas operativos, aunque también se pueden instalar programas cliente con una interfaz gráfica más sencilla para el usuario.

Recuerde

SSL (Secure Socket Layer), en español capa de conexión segura, se usa para establecer conexión segura entre un cliente, por ejemplo, un navegador de Internet, y un servidor de página web. SSH (Secure Shell) aparte de un protocolo también es un programa para conexión remota de ordenadores de forma segura, y también en la transmisión de datos.

2.2. Modos de conexión del cliente FTP

Cuando se establece la conexión cliente FTP se puede realizar de dos maneras: modo activo o modo pasivo.

Modo activo

La petición la inicia el cliente a través de un puerto mayor que el 1024, enviando los comandos y el puerto por el que quiere recibir los datos. La transmisión de datos la realiza el propio servidor FTP al puerto que le haya indicado el cliente FTP a través del puerto 20 del servidor. Tiene un problema de seguridad pues el puerto del cliente que se haya habilitado para recibir los datos permanece abierto.

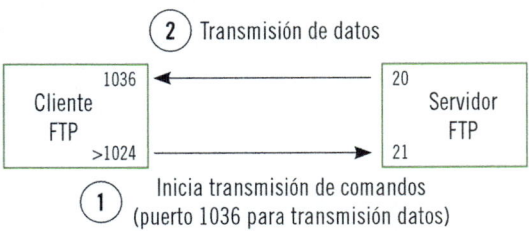

Modo activo FTP

Modo pasivo

El cliente FTP envía comandos a través del puerto 21 y el comando PASV, el servidor abre un puerto para la transmisión de los datos mayor que 1024 y a

través de ese puerto el cliente establece la conexión. El puerto 20 del servidor
en este caso no se usa.

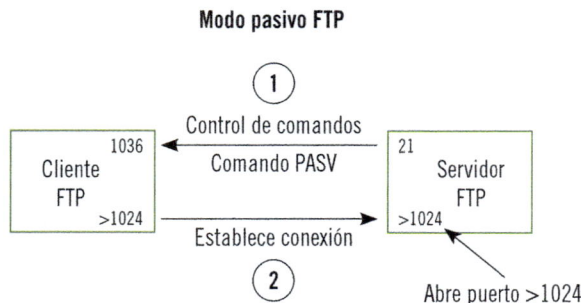

Modo pasivo FTP

2.3. Tipos de acceso del cliente FTP

El acceso de un cliente FTP puede ser de tres tipos: acceso anónimo, acceso usuario y acceso invitado. A continuación, se explicará cada uno de ellos.

Acceso anónimo

En el acceso anónimo a un servidor no se pide al cliente FTP ningún tipo de identificación ni clave, el servidor FTP proporciona servicio **anonymous** de todos los ficheros que contiene.

Normalmente, los datos solo pueden ser leídos o copiados. Suele ser información que debe tener el usuario y que no es necesaria leer en línea, para eso están las páginas web; por ejemplo, algunos programas, manuales y guías de algunos componentes electrónicos, etc.

Acceso usuario

El servidor FTP pide identificación y contraseña al usuario cliente FTP. Lo utilizan grupos de usuarios con privilegios dentro del servidor, pues pueden no solo copiar y leer sino también eliminar y cambiar archivos. Es el que utilizan la mayoría de servidores web para garantizar el acceso solo al personal autorizado en el mantenimiento de las páginas web.

Acceso invitado

El servidor FTP requiere que el usuario cliente FTP se identifique y le permiten trabajar con ciertos privilegios en un directorio específico.

Recuerde

Existe también un cliente FTP basado en web, que no es más que un usuario que accede a través de un servidor web (conexión http), que le proporciona una lista de contenidos FTP, y a su vez el servidor web se conecta mediante FTP al servidor FTP.

Actividades

1. Enumere las principales ventajas e inconvenientes de utilizar un cliente FTP.

3. Explicación de las técnicas de transferencias de ficheros a nivel de usuario y discriminando las que aportan elementos de seguridad tanto para identificación como cifrado

Como ya se ha visto, la transferencia de ficheros basada en el protocolo FTP es una de las más extendidas y utilizadas a lo largo del tiempo, pero también se ha señalado que es necesario instalar un programa cliente FTP para establecer conexión con un servidor FTP.

No todos los usuarios saben utilizar este servicio, y hoy en día han surgido otras formas de llevar a cabo la transferencia de ficheros de gran tamaño, ya sea a través de programas de FTP con entorno gráfico, como de cliente FTP basado en web, así como a través de algunos servicios de correo electrónico, que ofrecen la posibilidad de la transferencia de grandes ficheros con un servicio de almacenamiento de estos, lo que comúnmente se denomina dejar en la nube o trabajar en la nube.

La transferencia de ficheros a través de FTP también presenta un problema a la hora de proporcionar seguridad en la transmisión de los datos. Surgió así la transferencia de datos con SFTP (Secure FTP).

Alguno de estos tipos de transferencia de ficheros se van a estudiar, así como comentar los niveles de seguridad que contemplan tanto en el modo de acceso al servicio (identificación del usuario) como en el cifrado de los ficheros transferidos.

Para proporcionar seguridad a la hora del acceso y el envío de datos a través de los formularios de inscripción en los distintos servicios de cliente FTP o servicio de almacenamiento en la nube se utilizan los protocolos criptográficos SSL, que evolucionan a TLS y SSH. Para que la transmisión sea segura, TLS usa AES 256 bits, y SSH usa tres métodos de cifrado:

- Cifrado simétrico: utiliza una clave secreta que se usa tanto para el cifrado como para el descifrado de una conexión SSH.
- Cifrado asimétrico: implica dos contraseñas diferentes en forma de par de claves, pública y privada, para el cifrado y descifrado.
- El método *hash* convierte los datos que se transmiten en otro valor único. SSH usa el *hash* para verificar la autenticidad de los mensajes.

 Nota

AES *(Advanced Encription Standard)* es un protocolo de cifrado por bloque de los datos adoptado como estándar por el gobierno de EEUU y en el año 2002 publicado como estándar por el Instituto Nacional de Estándares y Tecnología.

3.1. Aplicaciones de *software* de cliente FTP

A continuación, se describirán alguno de los programas cliente FTP más utilizados y sus características.

- **Filezilla.** Es un programa cliente FTP de código abierto y *software* libre, que soporta protocolos FTP, SFTP y FTP sobre SSL/TLS. Se puede utilizar en distintos sistemas operativos, *Windows, Linux, Unix, Mac OS y BSD.* Posee una interfaz gráfica y por ello es más sencillo de utilizar por los usuarios.
- **WinSCP.** Cliente FTP gratuito *open source.* Dispone de una amplia documentación y foros. Está creado solo para Windows y es compatible con los protocolos FTP, SFTP y FTPS.
- **Cyberduck.** Este cliente FTP es gratis para Windows y Mac. Tiene soporte para FTP, SFTP, WebDav, Amazon S3, etc. Permite conectarse a la nube con ubicaciones de almacenamiento externo como *Google Drive* o *Dropbox.*
- **FireFTP.** Es una utilidad del navegador *Firefox,* que funciona como un cliente FTP. Soporta los protocolos FTP, SFTPS y FTPS. Se puede usar en los sistemas operativos *Windows, Linux, Unix, Mac OS y BSD.*
- **Vsftpd.** Tiene licencia GPL y está disponible para Linux. Dispone de configuraciones de IP virtual y es compatible con IPv6.

Existen muchos más programas de cliente FTP, pero estos son los más utilizados por su seguridad, versatilidad y facilidad de uso debido a su moderna interfaz gráfica.

3.2. Servicios de envío y alojamiento de archivos

En cuanto a los servicios de alojamiento de archivos, se puede hablar de páginas web que ofrecen los servicios, y que son gratuitos o de pago dependiendo del tamaño que se quiera utilizar, y también de los que proporcionan algunos servidores de correo cuando se intenta enviar archivos con un tamaño muy grande. A continuación, se describen algunos de ellos:

- **pCloud** (https://www.pcloud.com/es/eu). Servicio que ofrece un plan gratuito con hasta 10 GB de almacenamiento. Existen otros planes de pago que otorgan más almacenamiento que varían desde 500 GB hasta 2 TB.
- **Google Drive** (https://www.google.com/intl/es_es/drive/). Ofrece 15 GB de almacenamiento gratuito solo con crear la cuenta. Cuenta con integración de herramientas como Documentos, Hojas de Cálculo y Presentaciones.
- **OneDrive** (https://onedrive.live.com/login/). Es uno de los servicios más populares para los usuarios de Windows. Ofrece acceso gratuito al servicio, pero con almacenamiento limitado. Para poder contar con 100 GB de almacenamiento, es necesario contratar el plan Microsoft 365 básico.
- **ICloud Drive** (https://www.icloud.com/iclouddrive). Servicio para los usuarios de Apple. Se trata de la plataforma de almacenamiento en la nube de Apple. Es una de las opciones más limitadas ya que ofrece 5 GB de almacenamiento gratuito.
- **Dropbox** (www.dropbox.com). Servicio de envío de archivos, almacenamiento y sincronización de ficheros de hasta 2Gb de envío de forma gratuita, ampliable hasta 18 Gb. El servicio de pago con diferentes tarifas llega hasta 1 Tb para empresas. Utiliza la transferencia SSL para los formularios y el cifrado de datos AES 256 bits.

 Nota

Muchos proveedores de almacenamiento en la nube ofrecen cuentas gratuitas que se pueden ampliar a través de diversas técnicas como el pago de una cantidad.

Con los servidores de correo *Outlook* y *Gmail* si se intenta enviar un archivo con un tamaño que excede al máximo permitido directamente preguntan si se quiere enviar con el servicio de almacenamiento en la nube que cada uno soporta. Estos son *OneDrive* y *Google Drive,* respectivamente.

Por ejemplo, con *Outlook* se entra en el correo y se pulsa la opción de **Nuevo** para enviar un correo con archivo adjunto, utilizando la opción **Insertar.** Si el fichero es mayor de 25 Mb entonces aparece la opción y el mensaje de enviar por *OneDrive.* Se acepta y se carga el fichero. Cuando aparece el archivo ya cargado en *OneDrive* hay que volver al correo de *Outlook* y se envía al destinatario el enlace del fichero que está en *OneDrive.* También se puede enviar directamente el enlace desde *OneDrive,* pero hay que conocer el correo del destinatario ya que no aparece una carpeta de contactos.

Actividades

2. Indique los protocolos más usados para hacer transferencias de ficheros con seguridad.

Instalación de *Filezilla* y utilización para la transferencia de ficheros

Conéctese a la página oficial de *Filezilla:* filezilla-project.org

Descargue la versión para el sistema operativo que tenga e instale la aplicación. Una vez instalada deberá configurarla; para ello entre en el programa. Si el sistema operativo es *Windows* desde el buscador de *Windows* introduce "Filezila" y llevará al programa, como se muestra en la imagen.

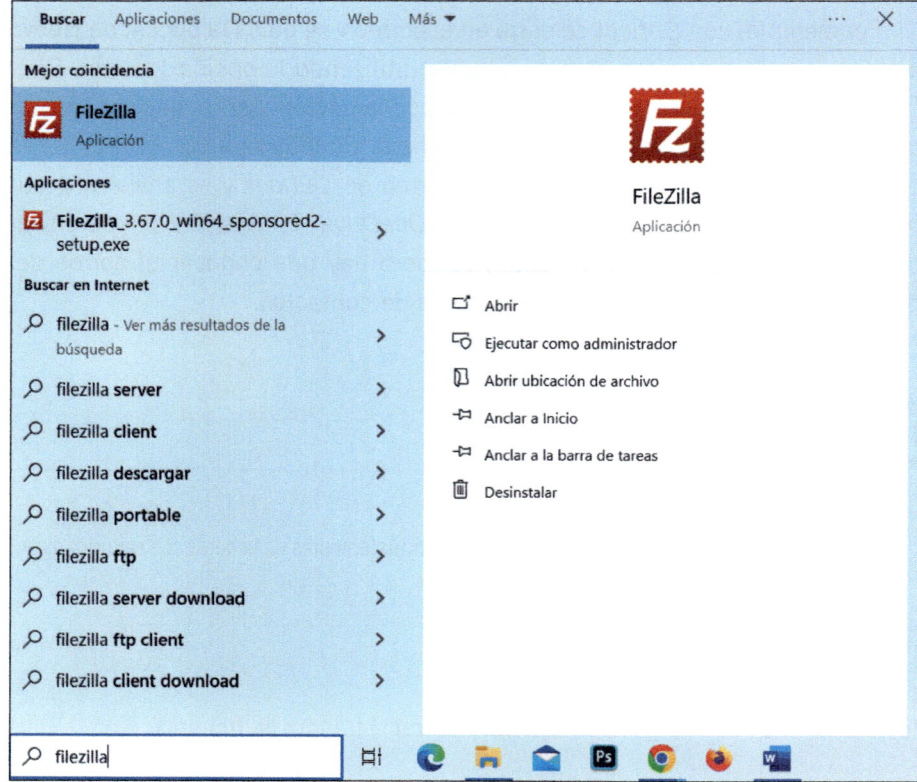

Iniciar Filezilla

Para comenzar a configurarlo vaya a **Archivo** y **gestor de sitios...** como se
muestra en la imagen.

Gestor de sitios en Filezilla

Aparecerá la siguiente ventana:

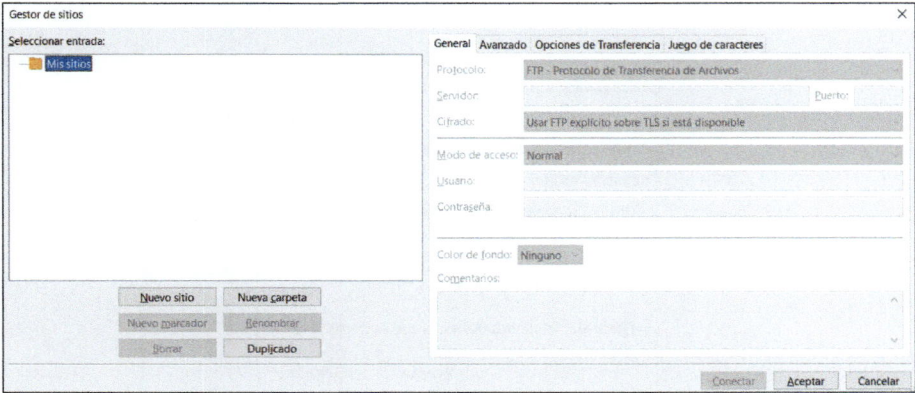

Conectar con un sitio para Filezilla

Una vez que esté en esta pantalla pulse **Nuevo sitio** y rellene los datos que en ella se solicitan.

Puede ser de la siguiente forma:

- **Servidor:** el servidor para alojar los ficheros o página web.
- **Tipo de servidor:** FTP por defecto.
- En modo de acceso: elija **Preguntar la contraseña y Aceptar.**

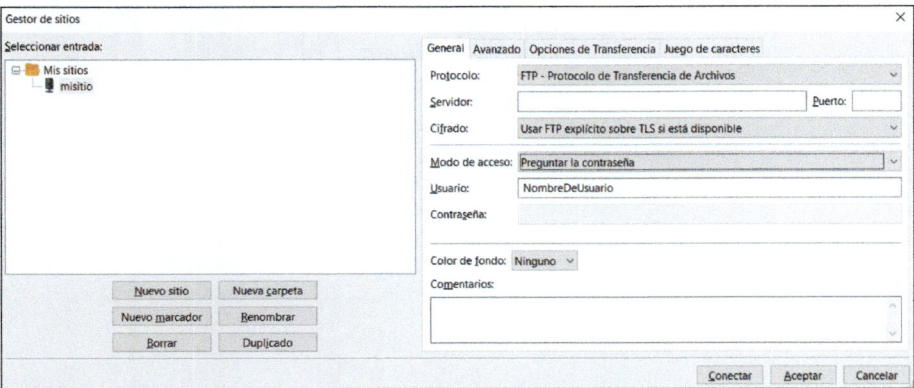

Configurar acceso a sitio en Filezilla

Una vez que se ha aceptado ya está el sitio web configurado, y ahora conéctelo. Para ello, seleccione el sitio que se acaba de configurar y pulse el botón **Conectar,** que pedirá la contraseña anterior, y oprima **Aceptar.**

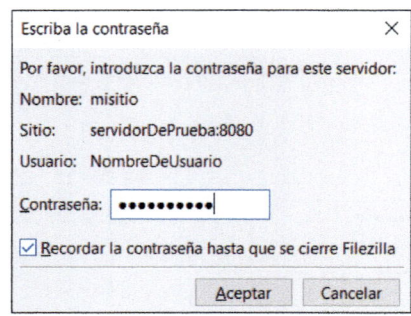

Conectar con el servidor web

Si la conexión con el sitio web ha ido bien, aparecerá una pantalla con dos zonas de exploración, a la izquierda pondrá en el titulo **Sitio local,** que corresponde al propio ordenador, y a la derecha pondrá **Sitio remoto,** que es el ordenador al que se está conectado. Debajo de ambos aparecerán los ficheros que tiene cada equipo. Seleccione los archivos que quiere subir y pulse con el botón derecho del ratón y aparecerá el siguiente menú, y pulse **Subir.**

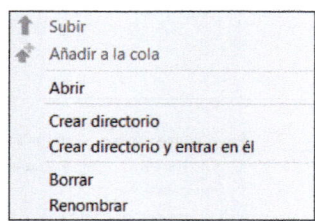

Subir archivos desde Filezilla

Recuerde

Se puede usar como el Explorador de Windows abriendo carpetas y arrastrando archivos de un sitio a otro para copiar del cliente al servidor o al revés, teniendo claro que la parte izquierda de la ventana es el ordenador cliente y la parte derecha es la del servidor.

Actividades

3. Busque en Internet otros programas clientes FTP.

3.3. Aplicación práctica

En el departamento de gestión de la Empresa Auris S.L. le piden al administrativo Antonio Rivero que debe enviar a un cliente un informe completo del presupuesto que le entrega su jefe sobre unas reformas en un edificio, donde se van a acondicionar todos los accesos para eliminar barreras arquitectónicas. En el informe se incluye un gran número de fotos de alta resolución sobre los accesos actuales, además de todos los informes de presupuestos, resultados de estudios arquitectónicos, etc. Su jefe se lo entrega en un *pendrive.* El envío del informe se va a realizar por correo electrónico a través de *Outlook,* y al ser un fichero de gran tamaño utilizará el servicio de *OneDrive.* ¿Qué pasos tendría que seguir Antonio para realizar este proceso?

Solución

1. Abra el navegador y conéctese a la página de correo, para una vez allí seleccionar **Correo nuevo** para generar un nuevo correo y adjuntar el fichero de gran tamaño, como se muestra en la imagen.

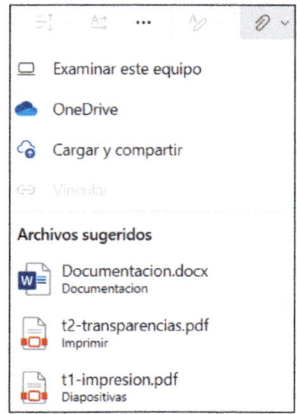

2. Seleccione el archivo, y al ser mayor del tamaño que soporta el servidor de correo aparecerá el mensaje.

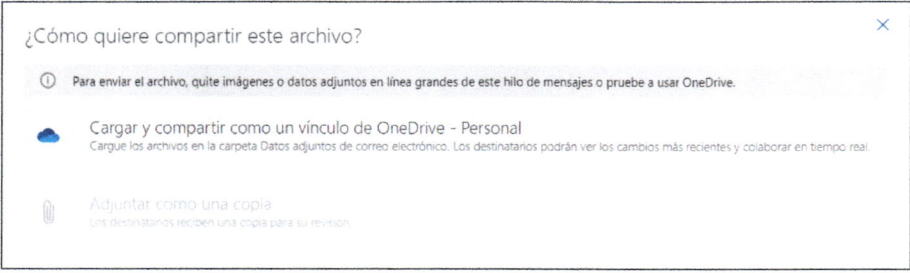

Para ir a *OneDrive* se debe acceder desde el navegador introduciendo su URL.

3. A continuación, conéctese directamente con el servicio de *OneDrive*, como se muestra en la siguiente imagen. Pulse en esta pantalla el botón de **Agregar nuevo** → **Carga de archivos** y así aparecerá la ventana de abrir para localizar y elegir el archivo del informe que va a enviar.

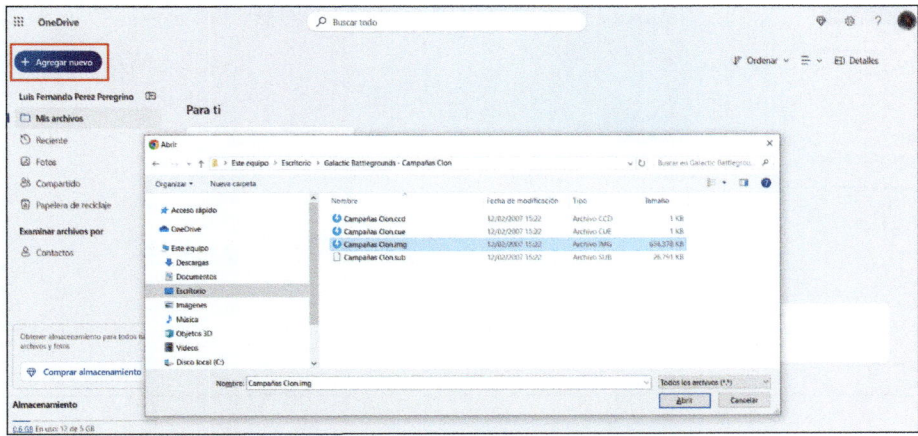

Cuando termine el proceso de carga, comparta el archivo con quien quiera.

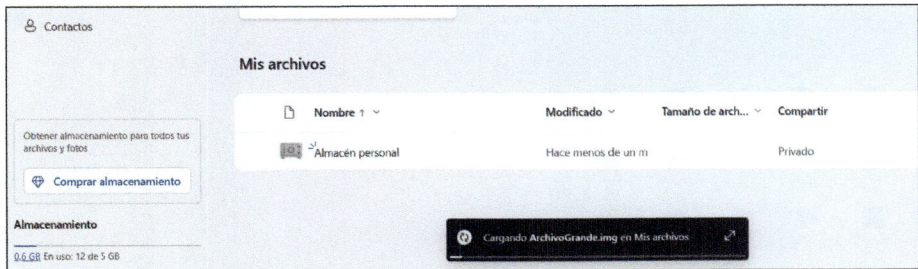

Cuando termina muestra el archivo en *OneDrive:*

4. Pulse en el menú de la izquierda del título de *OneDrive* para que
   aparezcan las distintas aplicaciones interconectadas y se pueda seleccionar *Outlook.*

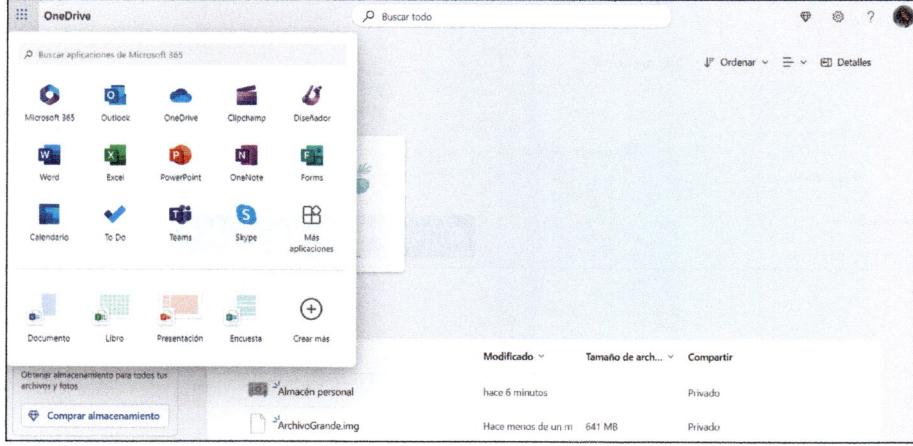

5. Al volver a *Outlook* se debe seleccionar **Correo nuevo** y al adjuntar un
   archivo se selecciona la opción de ***OneDrive.***

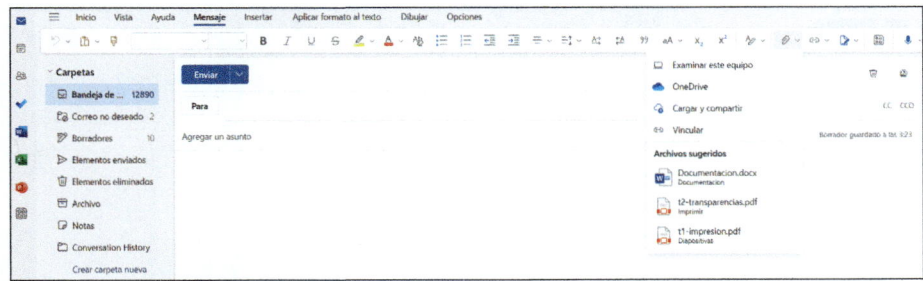

6. Seleccione el archivo y pulse **Compartir vínculo.**

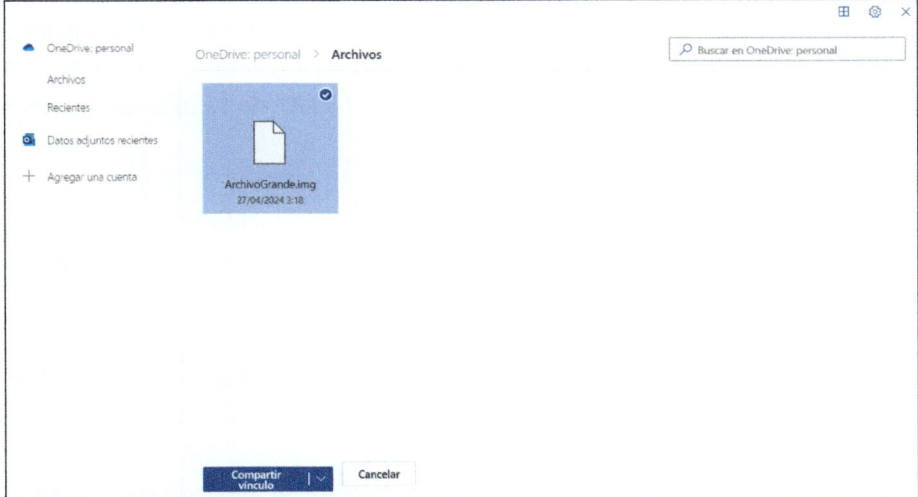

7. Ya tiene un correo como otro cualquiera, añada el **Asunto,** seleccione el correo del cliente en **Contacto,** escriba el texto, en el asunto pondrá "Informe de presupuesto de las reformas para accesibilidad" y mande el correo dando a **Enviar.**

4. Resumen

La transmisión de ficheros se realiza a diario por casi todos los usuarios que se conectan a la red, ya que cualquier acceso no es más que peticiones y envíos de archivos (mensajes de correo, páginas web, etc.). Todo se mueve a través de archivos.

Para hacer la transferencia de archivos se creó el protocolo FTP *(File Transfer Protocol),* que hoy en día se usa sobre todo para subir ficheros a los servidores web.

El FTP solo tiene seguridad de identificación por lo que se crearon otros protocolos para mejorar la seguridad y añadir encriptado de datos.

Hoy en día se utiliza para la transmisión de datos el almacenamiento en la nube. Herramientas como *Dropbox, OneDrive, Google Drive,* etc., son usadas por empresas y usuarios en la actualidad para la transmisión de archivos. De esta forma no hace falta copiar el archivo sino compartirlo a través de enlaces, lo que hace ahorrar espacio de memoria y solo mantener aquellos archivos realmente necesarios.

Ejercicios de repaso y autoevaluación

1. **Según el modo de conexión de un cliente FTP, ¿cuál de las siguientes afirmaciones no es correcta?**

    a. Modo pasivo.
    b. Modo usuario.
    c. Modo activo.
    d. Todas las opciones son incorrectas.

2. **¿Cuál de las siguientes afirmaciones es incorrecta con respecto a la transmisión de ficheros?**

    a. Las recomendaciones RFC para el protocolo FTP son RFC 959.
    b. Los puertos utilizados para FTP en el envío o descarga de ficheros son 21 y 22.
    c. La transmisión de datos de protocolo FTP se basa en la filosofía cliente/servidor.
    d. Todas las opciones son correctas.

3. **Según el modo de acceso del cliente FTP, ¿cuál de las siguientes afirmaciones es correcta?**

    a. Acceso desconocido.
    b. Acceso invitado.
    c. Acceso activo.
    d. Acceso pasivo.

4. **Complete el siguiente texto referido al modo activo en la conexión del cliente FTP.**

    La petición la inicia el _____ a través de un puerto con número _____ que 1024 hacia el puerto número _____ del servidor. La transferencia de datos la realiza el propio _____ FTP. El servidor FTP utiliza el puerto _____ .

5. **Sopa de letras. Encuentre seis términos relacionados con el capítulo:**

U	O	M	I	N	O	N	A
G	E	I	L	A	J	U	R
P	T	F	E	T	U	C	O
H	N	G	L	E	E	Z	W
S	E	R	V	I	D	O	R
F	I	R	E	F	T	P	J
T	L	E	H	S	S	Q	I
C	C	O	M	Z	A	H	R

6. **¿Cuál de estas afirmaciones es incorrecta referidas a un cliente FTP?**

   a. Un cliente FTP es un programa para descargar o enviar ficheros de gran tamaño.
   b. Existen clientes FTP basados en páginas web.
   c. Según el modo de acceso el cliente FTP puede ser activo o pasivo.
   d. Todas las opciones son incorrectas.

7. **¿Cuál de los siguientes servicios es posible utilizar directamente en el correo de Gmail si el fichero a enviar es muy grande?**

   a. *DropSend.*
   b. *Google Drive.*
   c. *GigaSize.*
   d. *File Dropper.*

8. **Complete el siguiente texto referido a la transferencia de ficheros de forma segura.**

   Para proporcionar _____ a la transferencia de datos con FTP surge _____ que es Secure FTP. El servicio cliente FTP y el almacenamiento en la _____ utiliza los protocolos _____ SSL que evoluciona a _____.

9. **Relacione las siguientes afirmaciones con respecto al modo de acceso o conexión en un cliente FTP:**

   a. La transmisión de los datos la realiza el servidor FTP.
   b. El servidor FTP requiere que el cliente FTP se identifique y permite trabajar con privilegios en un directorio.
   c. El servidor no pide ningún tipo de identificación al cliente FTP.

   __ Acceso invitado.
   __ Acceso anónimo.
   __ Conexión modo activo.

10. **¿Cuál de los siguientes programas es un cliente FTP?**

   a. *File Dropper.*
   b. *Sizable Send.*
   c. *Filezilla.*
   d. *GigaSize.*

11. **¿Cuál de las siguientes afirmaciones es correcta con respecto a la transferencia de ficheros?**

   a. *Filezilla* es un programa para alojamiento de ficheros en la nube.
   b. *Vsftpd* no es compatible con IPv6.
   c. *FireFTP* es una utilidad del navegador *Google Chrome.*
   d. *ICloud Drive* es exclusivo para usuarios de Apple.

12. **¿Qué significa FTP en inglés?**

   a. *File Transfer Proxy.*
   b. *Fire Transfer Protocol.*
   c. *File Transfer Protocol.*
   d. *Failure Transfer Protocol.*

13. ¿Cuál de los siguientes protocolos no se usa para la transferencia de ficheros?

    a. Protocolo SSL.
    b. Protocolo IP.
    c. Protocolo TSL.
    d. Protocolo SSH.

14. ¿Cuál de las siguientes afirmaciones no es una ventaja en un cliente FTP?

    a. Se pueden enviar o descargar ficheros de gran tamaño.
    b. En la conexión en modo pasivo el cliente FTP es el que inicia la transferencia de los datos.
    c. La transferencia de los datos se realiza en texto plano y no están encriptados.
    d. Todas las opciones son incorrectas.

15. ¿Cuál de las siguientes afirmaciones no es correcta en referencia a los protocolos?

    a. SSL *(Secure Socket Layer)*, protocolo para establecer conexión segura cliente/servidor.
    b. TLS *(Telnet Layer Secure)*, protocolo para establecer conexión telnet segura.
    c. AES 256 bits, protocolo para el cifrado y encriptado de datos.
    d. Todas las opciones son correctas.

Proyectos de software libre en la web. Identificación de los sitios para encontrarlos, dónde bajar el software y cómo contactar con la comunidad

Contenido

1. Introducción

Los proyectos de *software* libre no son nuevos, desde el inicio de la informática los ordenadores se suministraban con programas para hacerlos funcionar, ya que nadie compra una lavadora que no lave o un coche que no ande, etc.

A partir de la creación de determinadas empresas, hicieron estas de los programas sus monopolios y los protegieron con leyes para hacer la base de sus negocios.

Con la aparición de Internet y al amparo de muchas universidades se ha vuelto a la idea primera de compartir para crecer, a partir del trabajo de uno se puede llegar a desarrollar algo más grande.

El *software* que se puede encontrar por la red no siempre es libre, para ello el creador debe haber renunciado a sus derechos.

2. Proyectos de *software* libre en la web

En primer lugar hay que definir lo que es el *software* libre. No es más que un *software* que una vez que lo adquiere un usuario es libre para usarlo, copiarlo, distribuirlo y modificarlo si lo considera necesario; por tanto, de este *software,* que son programas, aplicaciones, sistemas operativos, etc., se debe tener el código fuente para su modificación y posterior distribución si así lo considera necesario el usuario.

No hay que confundir *software* libre con gratuito, pues no todos los programas gratuitos son libres, ya que no se cuenta con el código fuente para modificarlos, y el *software* libre aunque normalmente es gratuito no siempre es así y a veces se paga por la distribución del mismo.

Así como tampoco se debe confundir con el *software* de dominio público, que es aquel en que los derechos de autor están cedidos para la humanidad, bien porque los ha transferido el propio autor o bien porque este falleció y han pasado setenta años desde su defunción.

2.1. Los inicios del *software* libre

Cuando comenzó en los años 70 la comercialización de ordenadores, era común que las empresas facilitaran el *software* de las máquinas como un añadido, con lo cual si existía algún problema y el usuario era programador lo podía solucionar. A finales de los 70 y principios de los 80, las empresas comenzaron a poner restricciones al *software* (sistema operativo) que proporcionaban, creando así las licencias de uso, con lo cual cuando se producía algún problema se debía comunicar a la empresa y esta lo solucionaba, con el consiguiente retardo que ello producía.

De problemas como este de no poder arreglar errores en el *software* para adaptarlo a unas necesidades específicas, debido a los impedimentos de los fabricantes a la hora de proporcionar el código fuente, le surgió la idea a Richard Stallman de crear un *software* libre.

 Importante

Richard Stallman es un programador estadounidense y fundador del movimiento por el *software* libre en el mundo.

En 1984 comenzó a trabajar en el proyecto GNU, que es un sistema operativo libre y se definieron las bases y el concepto de *software* libre.

Un año más tarde crea la fundación *Free Software Foundation* (FSF), para dotar de apoyo financiero y legal al proyecto GNU.

Para que el *software* GNU permaneciera libre y no se pudieran apropiar de él y establecer posteriores restricciones, surgió también la idea de crear una licencia específica para garantizar estos derechos, conocida como *Copyleft* en oposición al *Copyright,* contenida en *General Public License* (GPL) de GNU.

2.2. Pilares básicos del software libre

La filosofía del *software* libre se basa en las siguientes libertades, que son sus pilares básicos:

- Libertad de usar el programa con cualquier propósito.
- Libertad para ver cómo funciona y modificarlo según las necesidades que se tengan.
- Libertad de distribución de copias.
- Libertad para realizar mejoras y distribuirlas públicamente.

A continuación, se muestra un esquema donde se pueden ver las bases del *software* libre bajo el amparo de la FSF *(Free Software Foundation)*.

Esquema del software libre

Hay que distinguir entre *software* libre y *software* de código abierto. Este último se rige por diez premisas descritas en el órgano de apoyo *Open Source Iniciative* (OSI), y son las que a continuación se numeran:

- Libre distribución.
- Acceso al código fuente, ya sea incluido en el programa o accesible para obtenerlo.
- Libre distribución de las mejoras y modificaciones.
- Integridad del código fuente del autor, las modificaciones pueden ser distribuidas como parches si así lo requiere la licencia.
- No hay restricciones para usuarios o grupo de usuarios.

- No hay restricciones para usuarios comerciales.
- Distribución de la licencia igual para todos los usuarios, en las mismas condiciones.
- La licencia no puede ser restrictiva de una parte del *software* de una distribución mayor.
- La licencia no puede ser restrictiva con otro *software* y exigirle que sea también de código abierto.
- La licencia tiene que ser neutral, no debe necesitar ninguna aceptación específica en un formulario, ni en ningún otro soporte *software.*

Existe también el término *software* libre y de código abierto, que abarca los dos conceptos, denominado FOSS *(Free and Open Source Software).*

Para utilizar *software* libre hay que tener conocimiento bajo qué licencia está distribuido, para saber si tiene algún tipo de restricciones o no. Para ello se explica a continuación los tipos de licencias que hay.

 **Definición**

Licencia
Según la RAE, es un permiso para hacer algo. Las licencias *software* son un contrato o acuerdo bajo el cual el autor del *software* da permiso a los usuarios para la utilización de este con determinadas condiciones de uso.

2.3. Tipos de licencias

Se pueden tener distintos tipos de licencias de *software* atendiendo a los derechos del autor o según el destinatario.

Según los derechos de autor están:

- **Licencias de *software* de código abierto permisivas.** Son permisivas tanto que las modificaciones y obras derivadas no tienen por qué ser del mismo tipo de licencia. Ejemplos:

  - *Apache software License v 2.0.*
  - *BSD License,* distribuida principalmente con los sistemas distribuidos por *Berkely Software Distribution.*
  - *MIT License.*
  - *PHP.*
  - *Perl License.*
  - *Academy Free License.*

- **Licencias de *software* de código abierto robustas.** Se pueden distinguir a su vez dos tipos: robustas fuertes y débiles.

  - **Fuertes:** obliga a que las obras derivadas y modificaciones del *software* original deban cumplir los mismos términos y condiciones que este para evitar apropiaciones de *software* una vez modificado. Ejemplos son:

    - *GNU General Public License v. 2.0 y 3.0.*
    - *Affero License 1.0 y 2.0,* se utilizan sobre redes.
    - *Open SSI License.*
    - *Eclipse Public License.*

  - **Débiles:** las modificaciones del *software* original deben tener las mismas licencias que el *software* original, pero las obras derivadas no tienen por qué. Ejemplos:

    - GNU Lesser General Public License.
    - Mozilla Public License.
    - Open Source License.
    - Apple Source License v.2.0.

- **Licencias de *software* de código cerrado.** Se les denomina también *software* propietario o privativo, y el autor determina los derechos de uso, copia y distribución. Normalmente estas licencias no permiten modificaciones, por lo que el autor suele ofrece soporte técnico y mantenimiento del *software*.
- ***Software* de dominio público.** No tiene ningún tipo de licencia.

Según el destinatario del *software* hay dos tipos de licencia:

- **Licencia de usuario final.** Es una licencia para uso del *software* de un solo usuario.
- **Licencia de distribución.** Licencia o permiso para la venta y distribución del *software* pagando una retribución al autor del mismo.

3. Identificación de los sitios para encontrarlos, dónde bajar el *software* y cómo contactar con la comunidad

El *software* libre se suele unir en paquetes que se denominan "distro", que no es más que una distribución de un conjunto de programas que van a conseguir hacer funcionar un ordenador. Se basan en un núcleo *Linux* y pueden usarse para ordenadores personales, empresas, servidores web e incluso en las administraciones públicas, ya que muchas de ellas tienen distribuciones propias.

Estas distribuciones están mantenidas por organizaciones sin ánimo de lucro como Debian y Gentoo, también por empresas como OpenSuse y Ubuntu y por administraciones públicas como Guadalinex.

3.1. Identificación del *software* libre y páginas de descarga

A continuación, se expone una clasificación del *software* libre que se puede encontrar por la red según:

Sistemas operativos

Debian	Distribución mantenida por una red de programadores muy implicados.	http://www.debian.org
Ubuntu	Distribución mantenida por Canonical.	http://www.ubuntu.com
Red Hat Enterprise Linux	Mantenida por Red Hat.	es.redhat.com/products/enterprise-linux
Knoppix	Fue la primera en sacar la opción de Live-CD.	http://www.knoppix.org
Guadalinex	Mantenida por la Junta de Andalucía.	http://www.guadalinex.org
LinEx	Mantenida por la Junta de Extremadura.	http://linex.gobex.es
Trisquel	Mantenida por la Junta de Galicia.	http://trisquel.info/es
Bardinux	Universidad de la Laguna.	http://bardinux.ull.es/
Android	Desarrollado por Android Inc y comprado más tarde por Google.	http://www.elandroidelibre.com

Suites ofimáticas

LibreOffice	Mantenida por The Document Foundation.	es.libreoffice.org
OpenOffice	Mantenida por Apache.	http://www.openoffice.org

Navegadores

FireFox	Mantenido por Mozilla.	http://www.mozilla.org/es-ES/firefox/new
Chrome	Mantenido por Google.	http://www.google.com/intl/es/chrome/browser
Konqueror	Mantenido por OpenSuse.	http://www.konqueror.org/download

Correo electrónico

Thunderbird	Mantenido por Mozilla.	http://www.mozilla.org/es-ES/thunderbird

Mensajería instantánea

Pidgin	Messenger multiplataforma y multiprotocolo.	http://www.pidgin.im/download

Software para audio, video y diseño

Audacity	Es una aplicación multiplataforma para la edición y grabación de audio.	audacity.sourceforge.net/download
Ardour	Es una aplicación multiplataforma de grabación multipista y MIDI a disco duro.	ardour.org
VLC	Reproductor de multimedia desarrollado por el proyecto Video LAN.	http://www.videolan.org/vlc
Kdenlive	Editor de video no disponible para Windows.	http://www.kdenlive.org/downloading-and-installing-kdenlive
K3b	Programa para la grabación de CD y DVD no disponible para Windows.	http://www.k3b.org
Gimp	Editor de imágenes digitales, como Photoshop pero en versión *software* libre.	http://www.gimp.org/downloads
Inkscape	Editor de imágenes vectoriales, como Illustrator, Freehand o CorelDraw pero en versión *software* libre.	inkscape.org/?lang=es
Scribus	Programa de maquetación como InDesign pero en versión *software* libre.	wiki.scribus.net/canvas/Download
Blender	Programa multiplataforma para la creación, modelado y animación de gráficos tridimensionales.	http://www.blender.org/download/get-blender

Otros

Filezilla	Gestor de FTP.	filezilla-project.org
Ktouch	Aplicación para aprender mecanografía.	ktouch.sourceforge.net/download.php

 Nota

Los Live-CD son CD o DVD de autoarranque que no necesitan instalarse y simulan el sistema sin tocar nada en el disco duro del equipo.

Aquí se ha hecho referencia a gran parte del *software* libre que se puede encontrar por la red, pero puede que no haya quedado suficientemente cubiertas todas las necesidades de todo el mundo, por lo que se puede hacer uso de cualquier buscador para ese menester. A veces no se conoce el nombre del programa que puede hacer falta, así que se puede poner en un buscador: "Equivalencias *Windows* en *Linux*". También se puede intentar en: www.cdlibre.org.

Existen muchos más programas de los aquí mencionados, aunque se han hecho referencia a los más extendidos; puede que desaparezcan algunos de ellos y aparezcan otros, o las páginas de referencia pueden que cambien.

 Actividades

1. Descargue e instale en su equipo el navegador Chrome y señale los pasos a seguir.
2. Descargue e instale en su equipo el visor multimedia VLC y señale sus características.

3.2. Aplicación práctica

En una empresa de marketing encarga un cliente que le preparen la imagen corporativa de la misma y que le entreguen toda la documentación del proyecto en documentos estándar de *OpenDocument.* El encargado de entregar la documentación del proyecto utiliza un *software* propietario que no genera documentos *OpenDocument.*

El encargado de la documentación tendrá que instalar un *software* libre que genere los documentos en este formato. ¿Por qué se decide por un *software* u otro? ¿Qué razones le lleva a elegir uno u otro?

Solución

Después de estudiar y cotejar información sobre las distintas aplicaciones que generan documentos en *OpenDocument,* el responsable del proyecto decide instalar el *software* libre *LibreOffice,* entre otras razones porque es gratuito al ser libre, su descarga e instalación son fáciles, presenta un entorno gráfico sencillo y potente, es compatible con otros formatos de archivos, aunque sean de *software* propietario, y está ampliamente extendido.

El responsable, una vez que se ha decidido, deberá hacer lo siguiente. Pasos:

1. Abrir el navegador y deberá ir a la página: es.libreoffice.org.

Logra más: más fácil, más rápido

2. Una vez allí deberá descargar el programa y elegir el **Instalador principal.**

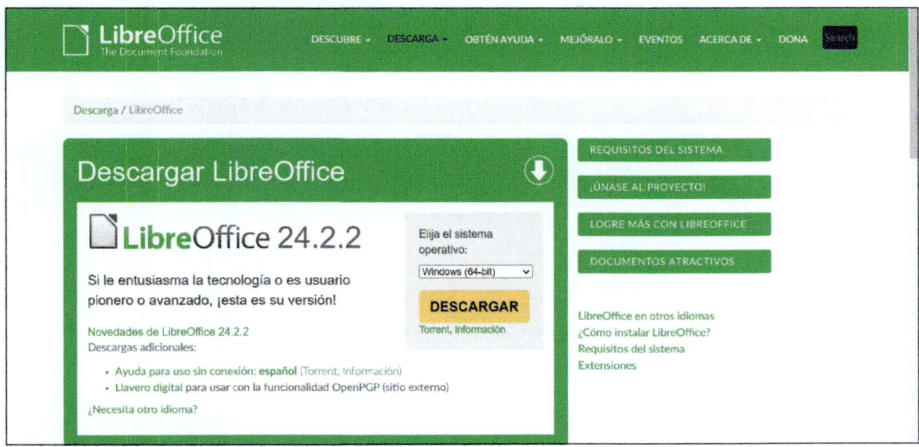

3. La descarga deberá comenzar, si no tendrá que hacer clic en el enlace del **.msi.**

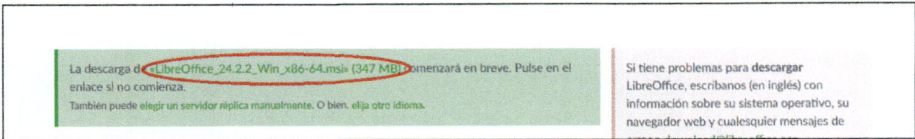

4. Una vez que haya terminado de bajar el archivo lo buscará, normalmente los archivos descargados están en la carpeta Downloads (Descargas), y lo ejecutará para terminar su instalación.

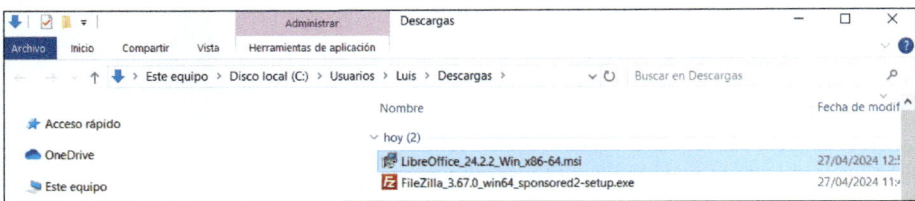

5. Dará la bienvenida y continuará pulsando el botón **Siguiente** hasta
que termine la instalación.

6. Cuando finalice la instalación indicará que ha terminado con éxito.

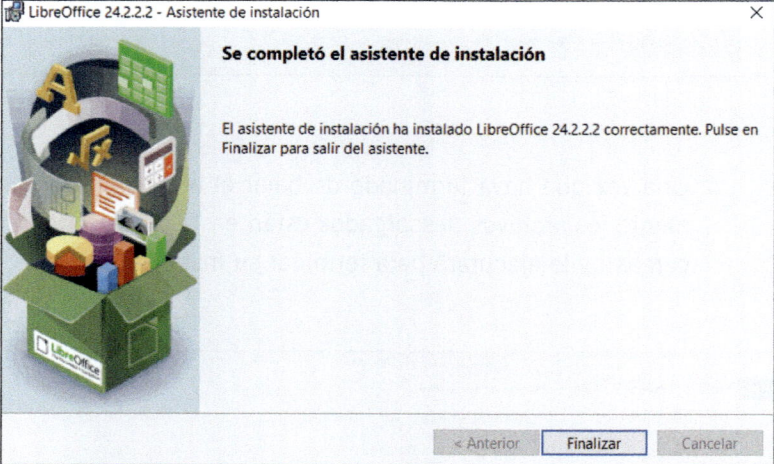

7. Creará una carpeta en la dirección de destino que se haya indicado.

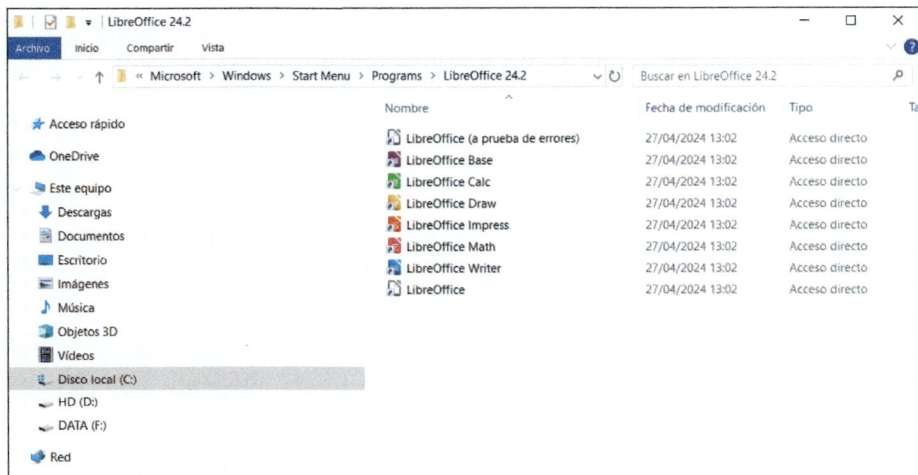

Ya podrán en el departamento utilizarlo para elaborar la documentación.

3.3. Los principales proyectos de *software* libre

Ya se sabe que *software* libre es aquel que cumple una serie de libertades a la hora de usarlo, copiarlo, distribuirlo y modificarlo. En los proyectos de *software* libre se suele fomentar su uso y desarrollo.

No tiene por qué ser una sola aplicación sino que suele ser un conjunto de aplicaciones y programas en los que se puede participar no solo como usuario final, para obtener el *software* libre y utilizarlo, sino también como desarrollador, participando en él o en los proyectos de forma activa, aportando soluciones a los problemas y errores o con preguntas a la comunidad del proyecto.

En los proyectos de *software* libre que a continuación se exponen se incluyen las páginas oficiales de los proyectos. En ellas existe la opción de participar en el proyecto, contactar con la comunidad de desarrolladores o entrar en el proyecto si aceptan alguna proposición específica que se integre en el mismo y cumpla sus requisitos.

Alguna son fundaciones que se ocupan de varios proyectos en sí, por lo que hay que mirar todos ellos para saber en cuál se quiere participar.

Los principales proyectos se engloban en *GNU, KDE, Enlightenment, Linux, Gnome, Window Maker, Apache, PostgreSQL,* PHP y X.org.

- **GNU** es un proyecto para hacer un sistema operativo similar a *Unix* pero libre (http://www.gnu.org).
- **KDE** desarrolla un entorno de escritorio para multitud de aplicaciones. La mayoría que comienzan por "k" deben su nombre a este proyecto (http://www.kde.org/).
- **MySQL** es el proyecto de *software* libre más popular en cuanto a base de datos de código abierto. Tiene una profunda integración con *Linux,* aunque también se puede usar en *Windows.* (https://www.mysql.com/).
- **Linux** es el núcleo del sistema operativo (http://www.linux.org/).
- **Gnome** es un entorno de escritorio muy común en distribuciones de sistemas operativos *Linux* (http://www.gnome.org/; también hay una entrada en español: http://www.es.gnome.org/).
- **WordPress** es un sistema de gestión de contenidos (CMS) que permite crear y administrar sitios web de manera fácil y sin conocimientos técnicos. (https://wordpress.com/es/).
- **Apache:** la *Apache Software Fundation* (ASF) no solo es un proyecto sino que son más de 100, desde el famoso servidor web a lenguajes como Perl, etc. (http://www.apache.org/).
- **Drupal** es un sistema de gestión de contenidos multipropósito, modular, libre y con gran capacidad de personalización. Es un CMS al igual que *WordPress.* (https://www.drupal.org/).
- **PHP** es un lenguaje de programación del lado del servidor, y se considera preprocesado antes de ejecutar el HTML de la página. Se ejecuta el php generando el HTML, por lo que es dinámico y simplifica el HTML. También muy usado por su fácil acceso a las bases de datos (http://www. php.net/).
- **Ubuntu** es un popular sistema operativo de código abierto basado en *Linux* y presentado en 2004 por la empresa Canonical. (https://ubuntu. com/).

Nota

Linux está licenciado bajo la GPL v2 y está desarrollado por colaboradores de todo el mundo.

Actividades

3. Busque información sobre el lenguaje de programación PHP y señale sus principales características.

4. Resumen

La comunidad de *software* libre en la red es muy activa y se implica en bastantes proyectos, desde organizaciones sin ánimo de lucro, mecenas que quieren dar su apoyo, empresas que ven en ello un posible medio para conseguir sus fines y administraciones públicas en su afán por el ahorro.

Se ha visto en este capítulo que los proyectos son múltiples y que abarcan desde sistemas operativos completos a cualquier tipo de *software* que se pueda encontrar comercialmente.

Así mismo hay que tener en cuenta las licencias de *software* libre que se han visto, para adaptar al uso y desarrollo que se va a dar a este *software,* pues dependiendo de un tipo u otro será diferente el uso que se pueda hacer del mismo.

También se ha destacado la labor de algunas fundaciones y proyectos que se implican en el *software* libre y cómo ponerse en contacto con estos a través de sus páginas webs.

Ejercicios de repaso y autoevaluación

1. **De las siguientes afirmaciones sobre los inicios del *software* libre, ¿cuál de ellas no es correcta?**

   a. La fundación *Free Software Foundation* se crea para dar apoyo financiero y legal al proyecto GNU.
   b. Se crea una licencia *Copyleft* para garantizar que el *software* permanezca libre.
   c. Richard Stallman comienza a trabajar en el *software* libre en 1994.
   d. Todas las opciones son correctas.

2. **¿Cuál de las siguientes premisas no es un pilar básico en el *software* libre?**

   a. Libre comercialización del *software* libre.
   b. Libre distribución de copias.
   c. Libertad de uso para el *software*.
   d. Libertad para ver cómo funciona y modificarlo según las necesidades que se tengan.

3. **Complete el siguiente texto referido al proyecto GNU.**

   Con el fin de que el proyecto GNU permaneciera _____ y no se pudieran establecer _____ se crea una _____ específica para garantizar estos _____ conocida como _____.

4. **Relacione las siguientes afirmaciones sobre *software* libre y/o de código abierto.**

   a. Se crea la licencia *Copyleft* para garantizar los derechos.
   b. Órgano de apoyo *Open Source Iniciative* (OSI).
   c. El término FOSS *(Free and Open Source Software)* abarca los dos conceptos.

   ___ *Software* de código abierto.
   ___ *Software* libre.
   ___ *Software* libre y de código abierto.

5. **Sopa de letras. Encuentre seis términos relacionados con el capítulo:**

I	K	M	V	A	X	F	Y
S	A	N	D	R	O	I	D
X	O	F	E	R	I	F	H
N	H	P	B	J	C	S	D
A	T	G	I	M	P	Z	C
R	Z	Q	A	R	E	A	L
U	B	U	N	T	U	S	V

6. **Relacione las siguientes definiciones con el tipo de licencia a la que corresponde.**

   a. El autor determina los derechos de uso, copia y distribución, normalmente no permiten modificaciones del *software.*
   b. Las modificaciones del *software* así como las obras derivadas no tienen por qué tener el mismo tipo de licencia.
   c. Las obras derivadas y modificaciones deben tener las mismas licencias que el *software* original.

   __ Licencias de *software* de código abierto permisivas.
   __ Licencias de *software* de código abierto robustas fuertes.
   __ Licencias de *software* propietario.

7. **Complete el siguiente texto referido al *software* libre.**

   El *software* libre se basa en _____ principios o _____:

   a. Libertad de _____ el programa para cualquier _____.
   b. Libertad de _____ de copias.
   c. Libertad para _____ y ver cómo _____.
   d. Libertad para _____ mejoras y _____.

8. Definición de *software* libre.

_____

_____

9. Relacione el nombre de los siguientes programas de *software* libre y para qué se utilizan.

    a. Kdenlive.
    b. Konkeror.
    c. Red Hat.
    d. Thunderbird.

    __ Navegador.
    __ Editor de video.
    __ Cliente de correo electrónico.
    __ Sistema operativo.

10. ¿Cuál de las siguientes afirmaciones no es correcta con respecto a los proyectos de *software* libre?

    a. *Gnome* es un proyecto para entorno de escritorio de sistema operativo Linux.
    b. *PostgreSQL* es un proyecto de sistema de gestión de base de datos.
    c. *Gimp* es un proyecto de sistema de imágenes tridimensionales.
    d. Todas las opciones son correctas.

11. Relacione los siguientes proyectos de *software* libre y a qué están orientados:

    a. *Apache.*
    b. *MySQL.*
    c. *Kde.*
    d. *Linux.*

    __ Proyecto de *software* libre para núcleo de sistema operativo.
    __ Proyecto para desarrollar un entorno de escritorio, para diversas aplicaciones y suelen empezar por la letra "K".
    __ Reúne más de 100 proyectos entre ellos el lenguaje Perl.
    __ Proyecto de base datos de código abierto más popular.

12. Complete el siguiente texto que hace referencia a la distribución de *software* libre.

El *software* libre suele distribuirse en _____ denominados _____. Es un conjunto de _____ para hacer funcionar el _____. Suelen basarse en un núcleo _____.

13. Con respecto al *software* de código abierto, ¿cuál de las siguientes afirmaciones es correcta?

    a. Se necesita una aceptación expresa de la licencia.
    b. Existen restricciones para usuarios comerciales.
    c. Libre distribución de las mejoras y modificaciones.
    d. La licencia no es igual para usuarios que para grupo de usuarios.

14. Relacione el tipo de licencia a que pertenecen las siguientes licencias de código abierto.

    a. Perl license.
    b. Apple Source License v.2.0.
    c. Affero License 1.0.

    __ Licencias de código abierto robustas fuertes.
    __ Licencias de código abierto permisivas.
    __ Licencias de código abierto robustas débiles.

15. Complete el siguiente texto que hace referencia a los proyectos de *software* libre.

Un proyecto de *software* libre fomenta el _____ y _____ del mismo. Los proyectos de *software* libre suelen ser de una o varias _____ y programas en los que se puede _____ bien como usuario final, _____ el *software* libre o bien como _____ participando en el proyecto.

Capítulo 7

Sistemas de control de versiones

Contenido

1. Introducción

Anteriormente, los programas eran más simples ya que se trataba de módulos para hacer algo básico, prácticamente inconexo con lo que era el funcionamiento del sistema. Se programaba para hacer algún listado, estadística, etc. El programador estaba en la empresa y hacía lo que era necesario.

Hoy en día no se sabe qué hacen los programas, se han creado verdaderas moles que necesitan de un mantenimiento enorme. Para hacer una pequeña modificación hay que recurrir a empresas que mantengan el *software.*

En ellas se trabaja con distintas versiones de los programas, una por cada cliente, ya que no todas las modificaciones son necesarias para todos ellos, por lo que se hace preciso marcar el *software* que se produce de alguna forma.

He aquí donde aparece el control de versiones, no solo por los clientes sino también cuando el desarrollo no está totalmente hecho y son muchos los programadores implicados en el desarrollo del proyecto.

2. Sistemas de control de versiones

En primer lugar es importante definir lo que es un control de versiones, en este caso haciendo referencia a gestionar, controlar y llevar un registro de todos los cambios y modificaciones llevadas a cabo en un proyecto de *software;* aunque este se puede aplicar a cualquier tipo de proyecto, el control de versiones se aplicará a un archivo o conjunto de archivos.

Es muy importante cuando en un proyecto participan distintos desarrolladores, de esta forma se puede saber en qué punto del proyecto se está y cuáles fueron las últimas modificaciones, y poder continuar, así mismo, cuando el proyecto va destinado a un usuario final. Este puede pedir distintas modificaciones y más tarde cambiar de opinión y querer volver al proyecto inicial, con lo cual es importante tener guardadas las distintas versiones para volver a un punto anterior del proyecto.

Toda esta gestión y control de las versiones de un proyecto se puede realizar de forma manual, haciendo copias de los archivos, indicando fechas de modificación, un número para controlarlos, usuario que lo modifica, etc., pero cuando se trata de grandes proyectos de *software*, con distintos desarrolladores, es muy difícil de controlar y es fácil equivocarse. De este modo surgieron las herramientas *software* que gestionan todo, que son los "Sistemas de control de versiones", también conocidos como SVC *(System Version Control)*.

Importante

Los SVC facilitan la administración de las distintas versiones de cada producto desarrollado, así como las posibles especializaciones realizadas.

Los sistemas de control de versiones se utilizan normalmente para controlar versiones de *software*, aunque se pueden usar para cualquier tipo de proyecto que genere archivos digitales siempre y cuando se disponga de las herramientas para el control de versiones adecuadas.

En un principio, el control de versiones de los programas se hacía de forma local, ya que los distintos desarrolladores trabajaban en una misma máquina. Al evolucionar toda la informática con los sistemas de redes los sistemas de control de versiones también han ido cambiando, surgiendo así distintos tipos de sistemas de control de versiones según la arquitectura de almacenamiento de los archivos del proyecto (código fuente).

Actividades

1. Defina con sus palabras qué es y para qué se utiliza un sistema de control de versiones.

2.1. Vocabulario de los sistemas de control de versiones

En los sistemas de control de versiones se utilizan una serie de términos específicos que a continuación se van a explicar. Los más usuales son los siguientes, aunque de un sistema a otro estos términos pueden variar.

Se llama **repositorio** al lugar donde se almacenan los datos actualizados así como el histórico de cambios del proyecto. Suele ser un servidor con una base de datos. También se le llama **depósito** o **depot.**

 Nota

Cuando se habla de proyecto se hace referencia a un proyecto *software,* es decir, un conjunto de ficheros, código fuente, que integran el proyecto.

Se denomina **módulo** al conjunto de directorios y/o ficheros que son de un mismo proyecto.

Una **revisión** es una versión concreta del proyecto que se está gestionando, de modo que si se realizan cambios en una en la "revisión 4" del proyecto esto genera la "revisión 5" del proyecto.

Se denomina **desplegar** o ***chech-out*** a la copia local que se hace del proyecto para trabajar con él y realizar los cambios y modificaciones oportunas, normalmente el *chech-out* se realiza de la última revisión del proyecto, aunque también se puede hacer de una revisión concreta que se especifique.

Una vez que se han realizado los cambios en el proyecto, se deben actualizar o integrar en el repositorio; es lo que se llama **publicar,** aunque también se le denomina de las siguientes formas: **enviar,** *commit, **chech-in**, **install*** o ***submit.***

Se utilizan **etiquetas, tag** o **rotular** una revisión cuando se quiere diferenciarla de las demás revisiones por algún motivo; por ejemplo, una revisión del proyecto que se ha mostrado al cliente se le realizan los cambios que este propone, pero más tarde no está conforme con esos nuevos cambios y quiere volver a la que se le mostró anteriormente. Para ello se recupera la revisión marcada con la etiqueta. También se suelen utilizar para rotular las versiones de proyectos que se publican.

En un sistema de control de versiones a veces se producen **conflictos,** y esto ocurre cuando dos programadores intentan realizar cambios en la misma parte del fichero, de modo que el sistema de control de versiones avisa al menos a uno de los programadores y estos deben resolver qué cambios o modificaciones son las que se van a aplicar a esa revisión.

Algunas veces se **ramifica** o se hace un *branched* a un fichero o módulo del proyecto para desarrollar dos o más líneas del proyecto con distintas versiones, de este modo los cambios de una de las ramas no afectan a la otra y más tarde se decide si se hace una **fusión** o *merge,* si entre las dos ramas no existe conflicto, o si se toma solo una de las ramificaciones para continuar el proyecto.

2.2. Arquitectura de almacenamiento de un sistema de control de versiones

La forma más sencilla para realizar un control de versiones es hacerlo local, es decir, hacer copias de los archivos del proyecto en otro directorio guardando los datos de fecha y hora de las modificaciones, quién modificó el archivo, qué modificaciones realizó, etc. Es un sistema sencillo pero dado a producir errores pues se pueden olvidar algunos de estos datos o sobrescribir sobre algunos de los ficheros que ya son versiones y que más tarde se necesiten.

Surgieron así los sistemas de control de versiones con un servidor donde está el sistema de control de versiones y el repositorio, pero dependiendo de la forma en que se utilice existen dos tipos: **centralizado** o **distribuido.**

Centralizado

El repositorio se encuentra en un único servidor y los usuarios se descargan los archivos, versiones del proyecto para trabajar con ellas y luego actualizan el repositorio. Ejemplos de este tipo de arquitectura son los siguientes sistemas de control de versiones:

- **CVS** *(Concurrent Versions System),* sistema de código abierto.
- **Subversión,** sistema de código abierto.
- **Perforce,** *software* propietario.
- **Visual Studio Team Foundation Server,** *software* propietario.

A continuación, se va a mostrar un esquema de este tipo de arquitectura.

Arquitectura centralizada en un sistema de control de versiones

Una de las ventajas de un sistema centralizado es que los administradores tienen un mayor control y detalle de las versiones, en qué punto está el desarrollo del proyecto, etc.; ya que todo está en un solo servidor. La otra gran ventaja es que en los sistemas de control de versiones centralizados las versiones (revisiones) del proyecto se identifican con números.

Por el contrario, una desventaja de los sistemas centralizados es que si el servidor se cae o se corrompe la base de datos donde están todos los datos de los cambios (historial), o las versiones y no se tienen copias de seguridad, todos los usuarios, desarrolladores del proyecto, no podrán hacer modificaciones ni colaborar, solo con el fichero o módulo del proyecto que tuvieran en ese momento. Habría que recuperar el sistema con los módulos que tenga cada usuario.

Distribuido

En este sistema de arquitectura los usuarios no solo se descargan la última versión de los archivos con los que necesitan trabajar, sino que hacen también una copia local del repositorio. En realidad lo que se hace es una copia de seguridad completa, se pueden intercambiar versiones y mezclar, y suele haber un repositorio para sincronizar los distintos repositorios locales. Ejemplos de estos sistemas de control de versiones son los siguientes:

- **Git,** escrito en Perl y de *software* libre.
- **Mercurial,** escrito en Python, también de *software* libre.
- **Bazaar,** suministrado por Canonical, escrito en Python, es de *software* libre, para cualquier plataforma.
- **DCVS** es CVS pero descentralizado.
- **Monotone,** está escrito en C++ y utiliza el protocolo Netsync.
- **Plastic SCM,** también *software* propietario.

 Nota

Plastic SCM ha sido desarrollado por la empresa española Códice *Software,* con los objetivos de tratar de dar un mayor soporte al desarrollo paralelo, creación de ramas, integración (merge) de ramas, seguridad y desarrollo distribuido.

A continuación, se va a mostrar un esquema de este tipo de arquitectura.

Arquitectura distribuida en un sistema de control de versiones

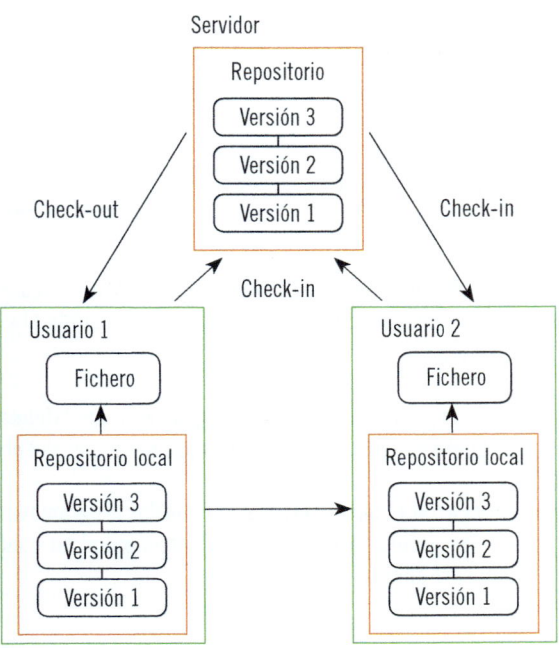

Una de las ventajas principales de trabajar con sistemas distribuidos es que al tener copia local de los repositorios no es necesario estar siempre conectado a la red; además, si el servidor principal se estropea es más fácil de recuperar la información para el control de versiones, ya que existen copias de los repositorios, aunque sigue siendo necesario hacer copias de seguridad. También es una ventaja frente a los sistemas centralizados el que se pueda tener varias ramas del proyecto y distintos flujos de trabajo, en los distintos repositorios locales y entre ellos, y más tarde el usuario decide si estas modificaciones pasan al repositorio principal o no.

En cuanto a las desventajas, se puede decir que al haber distintos repositorios existe menos control de las versiones, ya que no están centralizadas, además se deben tener equipos para cada programador que participa en el proyecto con la suficiente capacidad de almacenamiento, ya que cada vez que se va a trabajar lo que se hace es una copia del repositorio y se tendrá también redundancia de la información en los distintos equipos. En los sistemas distribuidos no se utilizan números de versión, ya que cada repositorio local tiene los suyos; sí se establecen etiquetas o tag para las distintas versiones en el repositorio principal.

Aplicación práctica

Elija un sistema de control centralizado o distribuido para el siguiente supuesto, teniendo en cuenta las especificaciones que se dan y justificando el sistema de control de versiones que se utilice.

I **Especificaciones: hay que desarrollar un programa de contabilidad para un cliente (una asesoría). El cliente quiere ver al menos dos versiones del programa antes del programa final.**
I **La empresa que va a desarrollar el programa tiene dos programadores y un diseñador gráfico. Uno de los programadores tiene conocimientos de contabilidad, y todos trabajan en la misma oficina.**

SOLUCIÓN

Al ser una empresa de *software* pequeña y los programadores estar ubicados en la misma oficina se puede utilizar un sistema de control de versiones centralizado. La red puede ser local para el servidor del repositorio, con lo cual los tiempos de retardo de acceso al repositorio serán mínimos, y al tener pocos desarrolladores las incidencias de conflictos serán también pocas.

Otra de las razones es que el cliente quiere ver al menos dos versiones del proyecto antes de la definitiva para ver qué cambios realizar si son necesarios. Con un sistema de control de versiones centralizado se puede controlar de forma sencilla con el número de versiones que da el sistema.

Flujos de trabajo

En los sistemas de control de versiones se pueden tener distintos tipos de flujos de trabajo, que se explicarán a continuación.

Importante

El flujo de trabajo de un sistema de control de versiones indica cómo se relacionan los distintos usuarios para colaborar entre sí en la consecución de los objetivos del proyecto.

Se puede tener un **flujo de trabajo central,** con un solo repositorio en el servidor y con dos formas de controlarlo. Cuando dos o más usuarios van a hacer cambios en un módulo (fichero A) del proyecto, en el momento que un usuario hace la copia desde el repositorio (1) el sistema control de versiones bloquea ese módulo (2) o fichero hasta que no se publiquen las modificaciones (4), para evitar que el resto de usuarios que quiere modificarlo no lo haga sobrescribiendo en los cambios ya hechos o hacer cambios que ya estaban realizados.

Flujo de trabajo. Bloqueo

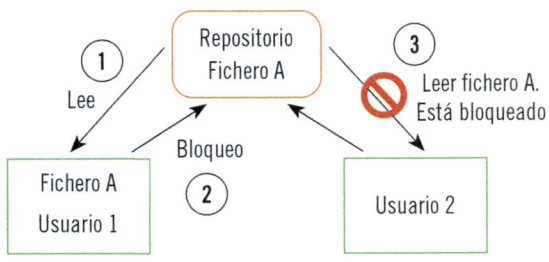

Flujo de trabajo. Desbloqueo

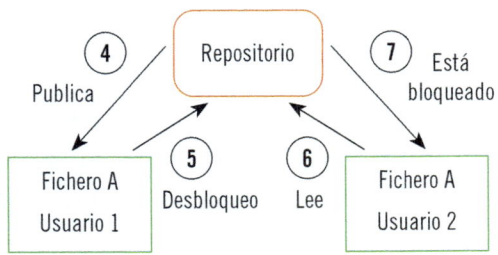

Uno de los problemas que presenta este modelo es que mientras un usuario está realizando las modificaciones y hasta que no las publique, el resto de usuarios que quiere trabajar con ese fichero no puede, con el consiguiente retraso.

Otra solución al **flujo de trabajo centralizado** es que cada usuario hace una copia del fichero que necesita del repositorio (1,2), los dos trabajan en las modificaciones y con las modificaciones se tiene que hacer una fusión de los cambios (3) para después publicar en el repositorio (4).

En la fusión puede que el sistema de control de versiones encuentre algún conflicto, de modo que dará un aviso a uno de los usuarios y este debe decidir qué cambios realizar y cuáles se publican.

Los conflictos no los solucionan los sistemas de control de versiones, deben ser los usuarios o programadores del proyecto los que lo hagan. Aunque puede parecer que esto es un problema existe menor incidencia de conflictos y, por lo tanto, el tiempo para resolver es menor que el tiempo de espera en los flujos de trabajo con bloqueo.

Flujo de trabajo con fusión o merge

En los sistemas de control de versiones **distribuidos,** el flujo de trabajo lo suele llevar a cabo con un gestor de integración de las distintas modificaciones para así poder publicarlas en el repositorio principal sin problemas de conflicto. Puede ser con un gestor que publique en el repositorio principal o también puede establecerse un flujo de trabajo distribuido con distintos gestores, en los que cada gestor se ocupa de una parte del repositorio y, más tarde, se publica todo en el repositorio principal. A continuación, se verán los dos esquemas.

Flujo de trabajo distribuido

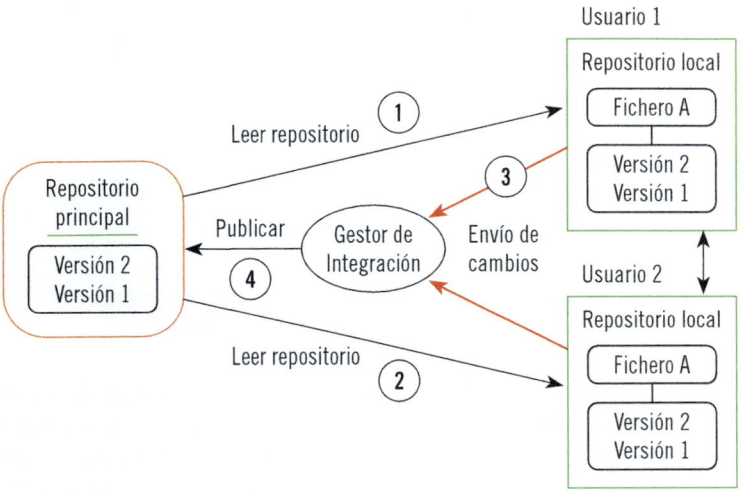

Flujo de trabajo distribuido, con varios gestores de integración

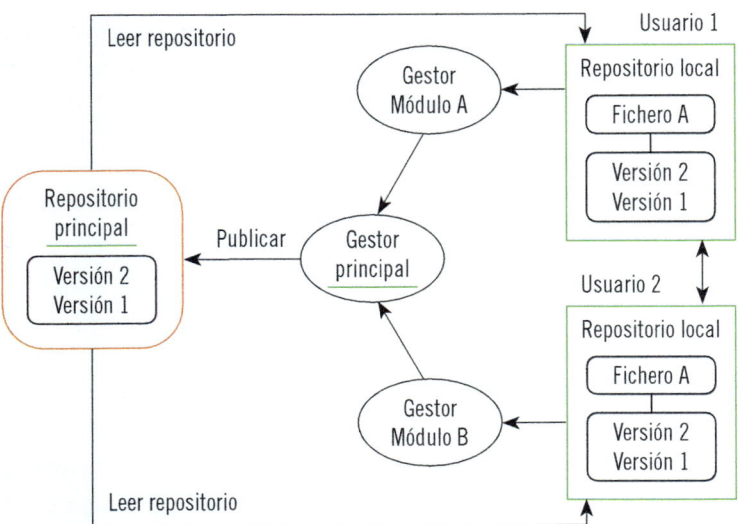

Actividades

2. Enumere y explique dos ventajas de los sistemas de control de versiones distribuidos.

Aplicación práctica

Describa el flujo de trabajo del siguiente supuesto suponiendo que se utilice el bloqueo para los ficheros en el sistema de control de versiones centralizado.

El proyecto A se compone de tres módulos: mod-1, mod-2 y mod-3. Con el proyecto trabajan tres programadores: P1, P2 y P3. El programador P1 va a utilizar los módulos mod-1 y mod-2; el programador P2 va a utilizar el módulo mod-2; y el programador P3 el mod-3. Todos los programadores quieren sus módulos para hacer las modificaciones al mismo tiempo.

SOLUCIÓN

Suponiendo que la petición del programador P1 entra en primer lugar, entonces se bloquean los módulos mod-1 y mod-2. Cuando el programador P2 hace la petición se le informa que el módulo mod-2 está bloqueado y debe estar en espera hasta que el programador P1 termine las modificaciones y las publique en el repositorio. El programador hace la petición del modulo mod-3 y no tiene problemas pues no coincide con los otros programadores. Con este tipo de flujo de trabajo se tendría un programador P2 ocioso, a la espera del programador P1.

3. Sistemas de control de versiones utilizados

De los sistemas de control de versiones centralizados y distribuidos ya nombrados se explicará con más detalle: *CVS, Subversión, Git, Mercurial* y *Bazaar,* ya que son muy utilizados y de *software* libre.

3.1. *CVS (Concurrent Versions System)*

Es un sistema de control de versiones de tipo centralizado (cliente/servidor), y fue desarrollado por GNU bajo licencia GPL *(General Public License)*. Al ser de *software* libre se ha extendido mucho su uso, ya que puede ser utilizado por desarrolladores situados en cualquier lugar del mundo. Existen distintas versiones de *CVS* para los diferentes sistemas operativos.

En *CVS* los distintos clientes (desarrolladores) pueden hacer copias del fichero del repositorio que van a modificar. Al publicar el sistema trata de acoplar las distintas modificaciones en las versiones del repositorio. Puede que exista un conflicto, que dos clientes intenten actualizar la misma parte del código de un fichero, con lo cual el sistema deniega la publicación al segundo y da un aviso, el cliente (programador) decide cómo resolverlo. En *CVS* se pueden mantener distintas ramas del repositorio y también actualizar la última versión para no tener que hacer una copia completa. Existe la limitación de que los ficheros en el repositorio no pueden ser renombrados, deben ser añadidos con otro nombre y luego eliminar los anteriores. Puede haber problemas, pues trata los archivos binarios como texto aunque un archivo binario no siempre es de texto.

Recuerde

Un archivo binario es un archivo codificado en binario. A veces se asocia archivo binario a archivo de texto, pero estos archivos pueden ser también de imágenes, sonido, etc. Para distinguirlos contienen una cabecera que proporciona información para poder interpretar de forma correcta el archivo.

3.2. *Subversion*

Es un sistema de control de versiones centralizado diseñado para remplazar al sistema CVS. Está programado en C, y de *software* libre se publica bajo licencia Apache/BSD. En el sistema de control de versiones de *Subversion* las diferentes versiones tienen un único número de versión, se puede usar con distintos sistemas operativos y existen distintas *interface* gráficas de clientes para los diferentes sistemas operativos, como:

- *TortoiseSVN*, para entorno *Windows.*
- *Subclipse,* para entorno *Eclipse.*
- *KDESvn* para entorno de escritorio *KDE.*

Subversión es utilizado en distintos proyectos de *software* libre como *Apache Software Foundation, FreeBSD, KDE,* etc.

También existen servicios de almacenamiento con *Subversion* para *software* libre como *SourceForge, Google Code* para crear repositorios y Forja de Conocimiento Libre de la Comunidad RedIRIS.

En *Subversion* se almacena cada cambio que se haga en el repositorio, también los cambios que se han realizado en cada archivo y en el árbol de directorios.

El cliente puede leer la última versión o versiones anteriores y conocer los cambios realizados en ella, quién y cuándo los realizó. El control de manejo de archivos binarios es muy eficiente.

Ocasionalmente se pueden bloquear archivos para que no existan conflictos, ya que posee esta utilidad.

Es muy versátil si está integrado con el servidor Apache.

3.3. *Git*

Es un sistema de control de versiones distribuido de *software* libre publicado bajo licencia GNU GPL v2. Su programación se realiza en C y Perl. Está diseñado por Linus Torvalds, creador de *Linux,* que en un principio utilizaba otro sistema de control de versiones *Bitkeeper,* que es un *software* propietario de uso libre, y decidió desarrollar su propio sistema de control de versiones.

Nota

Linus Torvalds es un informático finlandés, iniciador y desarrollador del sistema operativo Linux.

Se puede utilizar con distintas *interface* gráficas como:

- *GitEye.*
- *GitHub Desktop.*

Se utiliza en distintos proyectos de *software* libre como:

- *Linux Kernel.*
- *Fedora.*
- *Gimp.*
- *Gnome.*
- *OpenSuse.*
- *X.org.*

Se utiliza para crear repositorios GitHub.

Las ventajas de este sistema de control de versiones son las de un sistema de control distribuido.

Actividades

3. Buscar en Internet alguna comparación entre el sistema de control de versiones CVS y Git.

3.4. *Mercurial*

Es un sistema de control de versiones distribuido de *software* libre, publicado bajo licencia GNU/GPL, para distintos sistemas operativos *Linux, Windows, Mac OS* y tipo *Unix*. Está implementado en lenguaje Python.

Existen distintas *interface* gráficas como:

- *Hgk:* se ha implementado como parte oficial de *Mercurial.*
- *Tortoise HG:* para sistema operativo *Windows.*
- *VisualHg:* para controlar código fuente Visual Studio 2005, 2008 y 2010.

Mercurial se utiliza en distintos proyectos de *software* como:

- *OpenOffice.org.*
- *Python.*
- *Google Code. Para crear repositorios de Mercurial.*
- *Mozilla.*
- *OpenSolaris.*

Las principales ventajas de trabajar con *Mercurial* son las propias de un sistema distribuido, se puede trabajar sin conexión a la red, ya que se tiene copia del repositorio en el equipo, puede el usuario estar trabajando de forma privada y no publicar hasta que las modificaciones no sean estables, etc. Por el contrario, las desventajas son que cada vez que se hace una copia del repositorio principal remoto esto es más lento que el *check-out* de un sistema centralizado, ya que es una copia de todo el repositorio. No se puede tener un repositorio de un solo directorio del proyecto y faltan algunos mecanismos de control cuando los ficheros son de tipo binario (por ejemplo, imágenes) que no se pueden fusionar.

3.5. *Bazaar*

Es un sistema de control distribuido de *software* libre con licencia GPL v2, patrocinado por Canonical ltd. (empresa de *Ubuntu)*. Está programado en el lenguaje Python, es multiplataforma y se utiliza para la mayoría de los proyectos GNU/Linux. Se puede usar con interface gráfica como **Bazaar Explorer** o **gtk.** Soporta trabajar con o sin un servidor central y forma parte del proyecto GNU.

 Nota

Ubuntu es un sistema operativo basado en Linux y que se distribuye como *software* libre, el cual incluye su propio entorno de escritorio denominado *Unity.*

Se utiliza para la mayoría de proyectos *GNU/Linux* y también en los siguientes:

- *Ubuntu.*
- *GNU Emacs.*
- *Inkscape.*
- *MySQL.*
- *Squid.*

Para el servicio de almacenamiento de repositorios gratuitos se puede utilizar:

- *GNU Savannah.*
- *SourceForge.*
- *Fedora.*

Bazaar permite la interoperabilidad entre otros sistemas de control de versiones como *Subversion, Git* o *Mercurial.*

4. Resumen

El control de versiones es algo fundamental en el ciclo de vida de un proyecto informático. En él se tienen en cuenta los cambios que se producen en la historia de un proyecto con idea de poder saber las modificaciones que se han realizado, para poder echar marcha atrás en el proyecto si no es satisfactorio, además de no repetir modificaciones que ya se hayan realizado por otros programadores.

El control de versiones se realiza en cualquier tipo de proceso aunque los aquí vistos están orientados al desarrollo de proyectos *software*.

Se ha estudiado el *software* que permitirá controlar el proceso y las diferencias entre cada uno de ellos: *CVS, Subversion, GIT, Mercurial* y *Bazaar*.

Este *software* puede ser propietario o libre, aunque se han extendido mucho los sistemas de control de versión de *software* libre debido a la gran proliferación de proyectos dedicados al *software* libre.

Ejercicios de repaso y autoevaluación

1. **Relacione los siguientes términos en control de versiones.**

   a. El conjunto de directorios y/o ficheros que son de un mismo proyecto.
   b. El lugar donde se almacenan los datos actualizados así como el histórico de cambios del proyecto.
   c. La copia local que se hace del proyecto para trabajar con él y realizar los cambios y modificaciones oportunas.

   __ Desplegar.
   __ Módulo.
   __ Repositorio.

2. **¿Cuándo se produce un conflicto en control de versiones?**

   a. Cuando un cliente quiere volver a una versión anterior.
   b. Cuando hay que desarrollar más de una línea del proyecto.
   c. Cuando dos programadores intentan realizar cambios en la misma parte del fichero.
   d. Cuando dos clientes intentan realizar cambios en la misma parte del fichero.

3. **Sopa de letras. Encuentre cinco términos relacionados con el capítulo:**

A	D	R	U	Z	H	C	I
R	E	V	I	S	I	O	N
S	P	E	H	A	M	M	T
U	O	L	U	D	O	M	U
G	T	A	M	S	E	I	R
D	E	P	I	G	A	T	A
V	T	M	F	O	R	W	F

4. **¿Cuándo se puede hacer merge o fusión?**

    a. Cuando entre las dos ramas no existe conflicto.
    b. Cuando lo decide el cliente.
    c. Cuando se haya rotulado la versión anterior.
    d. Cuando se haya fusionado la versión anterior.

5. **Complete el siguiente texto referido al control de versiones.**

La forma más sencilla para hacer un control de versiones es hacerlo _____, es decir, hacer copias de los archivos del proyecto en otro _____ guardando los datos de _____ y hora de las modificaciones, _____ modificó el archivo, _____ modificaciones realizó, etc., es un sistema sencillo pero dado a producir _____.

6. **Relacione los siguientes programas con el tipo de arquitectura del control de versiones a la que corresponde.**

    a. Centralizada.
    b. Distribuida.

    __ Git.
    __ CVS.
    __ Perforce
    __ Mercurial.
    __ Bazaar.
    __ Subversion.

7. **Complete el siguiente texto referido al sistema de arquitectura distribuido.**

En el sistema de arquitectura distribuido los usuarios no solo se descargan la última _____ de los archivos con los que necesitan trabajar, sino que hacen también una copia local del _____. En realidad lo que se hace es una copia de seguridad _____ se pueden _____.versiones y _____ y suele haber un repositorio para _____ los distintos repositorios locales.

8. ¿Cuál de las siguientes afirmaciones no es correcta con respecto a los sistemas distribuidos?

    a. Hay que tener equipos con mayor capacidad de almacenamiento.
    b. En los sistemas distribuidos se utilizan números de versión.
    c. Existe menos control de las versiones ya que no están centralizadas.
    d. Todas las opciones son correctas.

9. Cuando aparece un conflicto al hacer el merge, ¿quién es el encargado de resolverlo?

    a. Se necesita una aceptación expresa del cliente.
    b. Existen protocolos para su solución.
    c. El sistema de control de versiones.
    d. Uno de los usuarios debe decidir qué cambios realizar.

10. Con respecto al CVS, ¿cuál de las siguientes afirmaciones no es correcta?

    a. En CVS se pueden mantener distintas ramas del repositorio, y también actualizar la última versión para no tener que hacer una copia completa.
    b. En CVS los distintos clientes (desarrolladores) pueden hacer copias del fichero del repositorio que van a modificar.
    c. En CVS los ficheros en el repositorio pueden ser renombrados.
    d. Todas las opciones son incorrectas.

11. Relacione las distintas interface gráficas de clientes de Subversion para los distintos sistemas operativos.

    a. TortoiseSVN.
    b. Subclipse.
    c. KDESvn.

    __ *KDE.*
    __ *Windows.*
    __ *Eclipse.*

12. **Complete el siguiente texto que hace referencia a Mercurial.**

Es un sistema de control de versiones _____ de *software* _____ publicado bajo licencia _____ para distintos sistemas operativos _____ Windows, Mac OS, y tipo Unix, y esta implementado en lenguaje _____ .

13. **Relacione los siguientes sistemas de control de versiones con los proyectos.**

   a. Subversion.
   b. GIT.
   c. Bazaar.
   d. Mercurial.

   __ Proyecto *Ubuntu.*
   __ Proyecto *Mozilla.*
   __ Proyecto *Gnome.*
   __ Proyecto *Apache Software Foundation.*

14. **¿Cuál de las siguientes afirmaciones no es correcta con respecto a los sistemas de control de versiones?**

   a. El sistema de control de versiones *Bazaar* es distribuido.
   b. El sistema de control de versiones *Subversion* es usado en el proyecto *Linux Kernel.*
   c. El sistema de control de versiones *GIT* puede utilizar el almacenamiento para su repositorio *Github.*
   d. Todas las opciones son incorrectas.

15. **Complete el siguiente texto que hace referencia al flujo de trabajo de los sistemas de control de versiones centralizados.**

Existen _____.formas de llevar a cabo el flujo de trabajo en un sistema centralizado: flujo de trabajo con _____, en el que el primer usuario que pide el fichero lo _____ mientras lo modifica; y flujo de trabajo con _____ o _____ en el que todos los usuarios toman el fichero, lo modifican y al _____ el sistema informa de los posibles _____ .

Bibliografía

Monografías

▌ ALFREDO Abad, D.: *Redes locales.* Madrid: Mc Graw Hill, 2012.

▌ DELGADO, J. M.: *Office 2021 (Manuales imprescindibles).* Madrid: Anaya Multimedia, 2022.

▌ Unidad Editorial Prensa Diaria: *Todo sobre Internet. Explorar los servicios de la nube.* Madrid: Unidad Editorial S.A., 2010.

▌ Unidad Editorial Prensa Diaria: *Todo sobre Internet. Otros contenidos de la red.* Madrid: Unidad Editorial S.A., 2010.

Textos electrónicos, bases de datos y programas informáticos

▌ Categorías de *software* libre, de: <http://www.gnu.org/philosophy/categories.es.html>.

▌ Control de versiones, de: <http://producingoss.com/es/vc.html>.

▌ El formato de documento estándar ya es universal, de:
<http://elpais.com/diario/2008/07/17/ciberpais/1216258825_850215.html>.

▌ Importancia de la documentación, de:
<http://www.desarrolloweb.com/articulos/importancia-documentacion.html>.

▌ Introducción a los metadatos, de:
<http://www.slideshare.net/anansi/introduccin-a-metadatos>.

▌ Metadatos, de: <http://www.hipertexto.info/documentos/metadatos.htm>.

▌ Microsoft Teams: ¿Qué es y cómo funciona?, de: <https://gdx-group.com/microsoft-teams-que-es-y-como-funciona/#:~:text=Microsoft%20Teams%20es%20un%20chat,dispositivo%20con%20conexi%C3%B3n%20a%20Internet>.

▌ Netiqueta, de: <https://guiasbib.upo.es/c.php?g=657201&p=4797866>.

▌ Proveedores de correo web, de: <http://www.fotonostra.com/digital/mailweb.htm>.

▌ ¿Qué es SSL?, de:
<http://aprenderinternet.about.com/od/ConceptosBasico/a/Que-Es-Ssl.htm>.

▌ ¿Qué es un chat?, de: <http://www.fotonostra.com/digital/chats.htm>.

▌ ¿Qué es confluence y para qué sirve?, de:
<https://imaginaformacion.com/tutoriales/que-es-confluence-y-para-que-sirve>.

▌ ¿Qué es Drupal?, de: <https://www.hiberus.com/crecemos-contigo/que-es-drupal/>.

▌ ¿Qué es Ubuntu? Una guía rápida para principiantes, de:
<https://www.hostinger.es/tutoriales/que-es-ubuntu>.

▌ ¿Qué es WordPress?, de:
<https://www.webempresa.com/wordpress/que-es-wordpress.html>.

▌ ¿Qué son los dominios y cómo funcionan?, de:
<http://intervia.com/doc/que-son-y-como-funcionn-los-dominios/>.

▌ SSH (Secure Shell), de:
<https://www.paessler.com/es/it-explained/ssh#:~:text=Cifrado%20SSH&text=SSH%20utiliza%20tres%20m%C3%A9todos%20de,sim%C3%A9trico%2C%20cifrado%20asim%C3%A9trico%20y%20hash>.

▌Tipos de metadatos, de: <https://keepcoding.io/blog/tipos-de-metadatos/#Tipos_de_metadatos_segun_su_funcion>.